El Oceano de Aidualc

El Oceano de Aidualc

Claudia Jiménez

Número de Control de la Biblioteca del Congreso de EE. UU.:		2014904424
ISBN:	Tapa Dura	978-1-4633-8034-2
	Tapa Blanda	978-1-4633-8036-6
	Libro Electrónico	978-1-4633-8035-9

Para realizar pedidos de este libro, contacte con:
Palibrio LLC
1663 Liberty Drive
Suite 200
Bloomington, IN 47403
Gratis desde EE. UU. al 877.407.5847
Gratis desde México al 01.800.288.2243
Gratis desde España al 900.866.949
Desde otro país al +1.812.671.9757
Fax: 01.812.355.1576
ventas@palibrio.com
609178

ÍNDICE

Agradecimiento

Hoy quiero agradecer desde el fondo de mi alma a cada persona que creyó en mi que empujo con palabras motivadoras a que decidiera publicar mis letras muy especialmente a mi madre Sra Tulita por darme la vida y siempre empujarme a ser mejor cada día de una forma u otra a mi ángel personal la gran sra Luz Melgar mi abuela

A mis Hijos por ser el motor de mi vida que me impulsan a ser fuerte y valiente Roberto Zugheily. Elizabeth y la pequeña Fernanda

A ti Jimenez por regalarme lo mas valioso que un ser pueda tener nuestros hijos por ser aún mi mejor amigo

A mis grandes amigos que me regalan día a día aún en la distancia y en el silencio en ocasiones cariño confianza y amistad hasta convertirse en partes de mi mundo y cada uno de ustedes saben quienes son

Sin necesidad de nombres

A algunos amores y desamores

Y a ti Rodry por demostrarme cuanto me amas

Por hacerme la mujer mas feliz de volver a amar yu mas habibe

Gracias desde mi alma por tanto cariño y confianza

Les quiero muaaaaaaa.

Frente al mar

Me quede sentada frente al mar,
Donde en las tardes solíamos jugar
Contemplando, el último vestigio de ti
Donde a lo lejos el sol se pondrá.

Nuestro amor fue pasión,
Miles de sensaciones cubiertas
Entre, lagrimas, sonrisas
Nostalgias, tú cuerpo junto al mío
Conjugados entre si.

Siento cada vez más
Transcurrir, los minutos sin ti
Duele........como duele saber
Que no te volveré a besar
Que mis labios, morirán marchitos
Sin la miel de ti,
Que mis brazos no sentirán
Mas tu calor,
Que mis ojos ya no brillaran igua, l
Que cuando te miraban llegar a mí
Que mis ansias locas,
Locas seguirán por no poder saciarme
más de ti.

La marea sube.....Sube
el frió empieza a sentirse cada vez más,
las olas me cubren poco a poco,
A si tal cual el dolor de tú a dios.

Mis lágrimas se confunden ahora
Con el mar y con las carcajadas
Que brotan aturdiendo la noche fría,
Silenciando el rugir del mar
Donde sola me encuentro
Junto a cientos de estrellas,
Que ya no quiero volver a ver jamás.

Arrastrada muy adentro,
El agua ya no sabe a sal
Ni el frío puedo sentir,
El miedo se transforma en paz
Mis soledades no existen mas.

Te siento, casi frente a mi
Casi te toco el rostro
Estiro mis manos,
Mis ojos solo obscuridad ven,
¿Qué pasa?
No lo entiendo,
el peso del sufrir, me jala la angustia
De ya no saber, qué pasa con mi vivir
En un día sin mañana.

Sólo cinco minutos

Robare, cinco minutos a la vida
Para con ella sentirme vivir,
Sin el dolor de tu partida.

Detendre el tiempo, en mis manos
Lo tomare y te lo regalare.

Escucharas una vez más
Cuanto te amo,
Cuan orgullosa estoy de ti,
Y que no pudo tocarme mejor padre
Que tu.

Tu que con tus años, me enseñaste
Lo que es ser un ser humano, Honesto,
Integro, Valiente, Capaz de ser lo que
desee.

Aprendí de ti,
el valor de la Palabra,
El valor de la Honradez,
El valor, de Amar a mi prójimo
Como a mí mismo.

El valor del Amor!

Amor, padre mío Amor
Cuanto nos diste, a mí y a mis hermanos.

Será doloroso ya no tenerte
Aquí entre nosotros,
Ya no ver esa cabecita teñida de nieve,
Sentir tu abrazo protector,
Tu mirada de amor,
será quizás tan doloroso
Como lo es hoy.

En cinco minutos que le robe a la vida
Quisiera verte feliz sin dolor,
Y al final de mis pasos,
Encontrar tu voz de paz
Riéndote y marchándote
Sin marchar.

Fabricando sueños de color,
En cinco minutos en la vida,
Volviendo, en la noche mágica
En un tibio beso que me das a mí.

Cobíjame

Tantas horas llorándote
explicándote que te extraño
que no pueda más sin ti,
que mis lágrimas inunden lo inundable
que mis ansias locas están por ti.

Que mi cielo se hace gris
si no estás aquí,
y las nubes cubren cualquier rasgo de luz
me quedo en obscuridad total.

Necesito verte, saber que me perdonas,
que mi olvido no llega
para olvidarte,
que recuerdo cada caricia,
cada beso
cada momento, en que mis sabanas ardían
al tenerte entre mis brazos, necesito verte
solo un minuto
y mis ojos te dirán,
lo que sufro desde tu partida amor.

Amor mío ¿Por qué tan injusta la vida?

¿Por qué tuvo que pasar esto?

¿Porque si fui yo la que debió morir?

Y los mares, me tomaran
me sumergiré entre sus aguas,
me ahogare en mis lágrimas
de tanto dolor,
alzare un grito al viento
para que llegue a tus oídos
que te amo ,
y que siempre te amare
ven tengo frio cobíjame.

Cuando las Olas

Cuando la noche se acerca
Hay algo en mi alma que vuelve a vibrar,
Con la luz de las estrellas
En mi sentimiento te vuelvo a encontrar.

Quiero que me mires a los ojos
Y que no preguntes nada más,
Quiero que esta noche sueltes
Toda esa alegría que ya no puedes guardar.

Que esta noche no acabe
Sin volverte a amar,
Beber de ti el sabor a miel
Y contar cada estrella de reflejada en tu piel.

Deja que los sueños sean olas
Y que te cubran como el mar,
Junto a los besos que guardo para ti

Ven quiero amanecer en ti,
Quiero hacerte ver
Que no hay nadie que te ame
Como yo,
Que te haga sentir que mueres en un respirar.

Ven quiero amarte en mi amanecer
y en tus ojos volverme a ver
quiero sentirte nuevamente en mí
y en tus brazos poder vivir.

Te extraño

Te extraño…..como te extraño
En cada momento, en cada segundo
En el que escucho tu voz,
En el instante que surge, una leve sonrisa en tu rostro,
Cuando Te giras y me miras.

Extraño tanto esas mañanas Junto a la playa,
Donde corrías a sumergirte en las tibias aguas,
Deleitándome con tu cuerpo dibujado Perfectamente en ella.

Mas te extraño!…El caminar tomados de la mano
Robándonos, los besos que brotaban de nuestra loca pasión.

Extraño el tomarnos de nuestras ansias locas
La vida en cada instante,
Haciéndonos vibrar con deseo ardiente
De no parar jamás,
Besando cada célula de nuestros cuerpos y alma.

Y más aún extraño
El sentirte solo mío,
Dentro de ti….dentro de mí.

Y aún más extraño es,
Saberte a mi lado, como ahora
Que estas aquí
Junto a mi más perdido en la distancia
De tu olvido,
Donde quizás yo no existo más,
Pero tu si para mí.

Por eso mismo, te extraño tanto
Mi amor
mi vida
Mi eternidad.

Esperándote

Amanecer nuevamente en tus brazos
Cobijándome con tu calor,
Llenándome los pulmones con tu perfume
Sintiendo que aún estoy ahí.

Amanecer con la sensación
De que nada ha cambiado,
Que cada segundo que pasamos juntos
quedaron junto a mi almohada,
Junto a tu piel y tu alma.

Que no se borren nunca las caricias
que tatué para ti,
Que las tardes te recuerden a mí,
Que las noches no puedas dormir
Si no es soñando que sigo aquí,
Para el despertar tome de los recuerdo
La energía para vivir.

Aun duele!

Duele…duele tanto
No poderte tocar.

Duele tanto no poderte acariciar,
No sabes cuánto duele mi amor.

Y esta sensación de ansiedad,
Que aún me cala los huesos,
me hace gritar en este silencio
Que te amo, que eres la razón
Para esperarte aquí
En penumbras, en silencios, en fríos
Que aguardare por ti para continuar
Juntos a una eternidad de Amor.

Notas

Disfruta de una nota de silencio,
Que mi alma grita hasta morir
Mi corazón late fuerte,
mi sangre corre…….. Y yo vivo.

Tu vivirás en mi
Aunque no te tenga para mi,
Ahí donde el mar se vuelve tierra desértica
En este juego de pasión
En un sueño o ilusión.

¡Todo ya es un sufrir
Y Grito!!!Grito tan fuerte que
vuelvas…. …..vuélveme a suceder
Pasa por mi labios e instálate ahí,
donde solo tú puedes saciar mi sed
Que deseo Toda tu miel.

¡Tómame! ………..una vez más
Contigo me voy al cielo y tomo un poco de él
Lo ato entre mis cabellos y te acaricio con él para
que sientas mi amor por ti,
Llevándote ya clavadito en mi ser.

¡Ven! tómame y no me sueltes,
Que perdida me encuentro sin ti,
Y solo quiero navegar en tu cuerpo
Y quedarme quietecita en tu ombligo
Soñar que es verdad,
Que me vuelves a amar.

Ven disfruta del silencio
Que ya guardo para ti,
Dormida en tu pecho sonriendo,
Porque supiste escuchar a mi alma
Sufrida por TI.

Mis olvidos

Si me enamore algún día
Mi olvido llego no lo recuerdo!
no sé si realmente paso
Dices que te amaba
¡No lo recuerdo!
Que no había nada que calmara tu sed
Que mis labios besándote.

Ni siquiera recuerdo, eso que dices tocar
el cielo
Entre tus brazos.
No recuerdo tus manos recorriendo cada
poro de
mi piel, cada punto cardinal
Haciéndome sentir derretir.

¡No! No lo recuerdo….

Tampoco recuerdo gritar y pedirte más
En un orgasmo colosal,
Ni el escucharte llamarme cuando te
acercabas a el

Nada recuerdo…nada

Dices que quedaba rendida

Cobijada entre tus piernas

Mientras suavemente acariciabas mi larga
cabellera

Jugueteando entre tus dedos
Y yo….yo no lo recuerdo…

No recuerdo nada.

Nada.

Quizás porque lo único que recuerdo
Es un dolor inmenso que me cubre el
alma,

Que me aprisiona en un grito de dolor,
Y que al final lo único que alivio ese dolor
fue mi olvido.

Un olvido que deja solo en ti

Recuerdos de días y mañanas.

De ensueño de placer

Éxtasis y múltiples momentos de alcanzar
el cielo

Dices tú……….. Junto a mí.

No sé si agradecer al olvido el olvidarte
o, Odiarlo por no recordarte.

Si me enamore algún día,
Hoy a ti que me llamas amor
No lo recuerdo.

Mujer de cristal

Simplemente te quise así
Como quiero el azul del cielo,
Donde las aves surcan su viaje
Cada primavera.

Te quise tanto mi mujer de cristal
Que vivía temiendo romperte el alma,
Cuidaba cada detalle para ti
Que olvide que tenía que vivir para mí.

Que debí guardar también amor
Para mí.
Que debía alimentar mi alma
Que tenía que vivir,
Y no solo sobrevivir
A lo que te sobraba.

Mi mujer de cristal, sin transparencia
Nunca mire que estabas ya rota,
Entre mentiras y sonrisas vanas.

Con el orgullo roto,
Por no poderme amar.

Eh intente no romper más,
Lo que roto estaba.

Jajaja incrédulo de mí!

Solo deseabas lo que yo te daba,
No querías vivir sola
No querías ni amarme.
Y con tu mirada obscura
me confundías y yo… yo te adoraba.

Pero afilados pedazos de ti
empezaron a sangrar mi ser,
Desangre hasta inundar esos cielos azules
Que yo ciegamente veneran
Mis ansias por ti.

Y tarde me di cuenta, que mi alma
Estaba ya perdida por ti.
Pero emborrache al corazón,
Y la angustia de sentirme ya abandonado
En mi propia cárcel de cristal,
rompí los esquemas
Que me ataba a ti.

Mi único pensamiento

Días en los que despierto, pensando que
solo fue una pesadilla,
Días en los cuales solo te pienso.

Y mis lágrimas se desbordan como ríos en
invierno.

Días en los que mi cuerpo se extremece,
Al solo imaginarte junto a mi

Tonta de mi,
Y yo……..yo sin ti.

Fueron tantos días, los suficientes para
tatuarte en mi piel,
Para dejar mi alma atada a un hilo rumbo
al precipicio,
y yo….yo sin ti.

Cuantas mentiras se dijeron
Cuantos sueños, se construyeron
Cuantas ilusiones rotas quedaron.

Y yo……yo sin ti
Quedo atrapada en noches de desveló,
En noches en las cuales suelo solo
pensarte, desearte y odiarte
Noches interminables, en las cuales las
estrellas no bastan

Para imaginarte nuevamente junto a mí.,

Los amaneceres ya no bastan lo suficiente
para consolarme, su calor es menos denso
que tu ausencia
El día no es nada sin la razón de mi existir.

Y yo….yo sin ti.
Sin calor,
Sin pasión,
Sin amor.

Ya no hay razón
Porque mi dolor carcome mis ganas de
vivir,

Agota las ganas de un nuevo día
Y desaparece mi rostro entre mis lágrimas.

El día ya no me basta,
La noche es insuficiente
para llorarte,
Los océanos desbordándose
en mis ríos de dolor,
Y yo…..yo sin ti.

No sé si perdonarte, ,
agradecerte o llorarte
Quizás sea mejor olvidarte en mi perdón,
En mi agradecimiento y quizás en mi
dolor.

El día ya no basta,
Y yo…yo aquí
Llorando a ríos, llenando los mares de mi
alma en dolor.

¡Silencio te pedí!

Ahí postrado ante tus montañas
inmerso en el latir de tu corazón,
Que me hacía volcarme en ti
Besando cada célula de tu ser,
Contemplando la noche en el oscuro de
tu mirada
Deseando perderme total y plenamente
en ti.

Que hacías mujer…conmigo,
Que esclavo de ti quería ser
Como con solo escuchar
El caminar que te distinguía
mi sangre empezaba a arder,
A quemar cada poro de mi cuerpo
Inundando mi alma en deseo por ti
Como tus labios carnoso con licor de ti
me envenenaba
Obligándome a comerte a besos,
Y ni qué decir del perfume natural
De tu cuerpo
Era algo así como bosque, mar, flores,
montañas
Que nunca descubrí solo en ti.

Mujer….mujer,
Exijo una explicación
Como te atreviste a enamorarme así
Así tan locamente,
tan fuertemente
tan profundo.

Ahora pasaron los años
que en ti dejaron,
Las huellas de nuestro amor
Cada vez más bella,
Más hermosa,
Y yo, Siguiendo esclavo de ti
Con el cuerpo y alma tatuados de ti
Por ti,
Y para ti.

Mujer…mi mujer
Quiero seguir escuchando
Tranquilo tu corazón,
Mujer…..mi mujer,
La mujer que amo.

Déjame morir en paz
En tu regazo
Como ayer
como hoy
En la eternidad.

Temblaba Tu Boca

Hoy amanecí con el deseo
de volver el tiempo atrás
donde algúndía te amé,
y tú no podías estar sin mí.

Donde tu cuerpo desnudo
me cobijaba,
donde tu boca temblaba
por besarme,
y tus manos
no dejaban de tocarme,
mientras tus ojos
recorrían todo mi ser.

Recuerda
sientes mi calor
como ese primer día
en que fuiste mío.

Que mis brazos te rodeaban,
y tu perfume me invadía.

Fueron tus caricias
que me quemaban,
que hacían arder mis sabanas
cuando te estrechaba junto a mí.

Y nos llenábamos
de todas esas sensaciones
que hacía que nos ahogáramos
en nuestro propio placer,
empapándome de sudor
y mi alma queriéndote
por la eternidad.

Caí también en cuenta,
en que ansiaba volverte a tener,
escuchar tu voz
y provocarte el deseo
de tenerme entre tus piernas.

De saciar mi hambre de ti.

Hoy amanecí
deseándotea ti,

Que daré al retorno
por poder recordar,
en mi memoria y no en la tuya
sin que tiemble ya mi alma
por ellas.

Te amare

Te confesare

Que sin ti soy nada,
confesare tu nombre
por haberme amado
como te amé yo.

¡Perdóname!

Perdóname…
Por haber gritado
mí deseo por ti.

¡Como no calle!
que no podía
ya estar sin ti.

Hoy amanecí
pensando nuevamente en ti.

Mi universo

Yo nunca elegí enamorarme de ti,
Yo jamás siquiera lo pensé,
Yo ni siquiera lo soñé,
yo simplemente me enamore.

Quizás fueron tus ojos tristes,
con esa mirada de perdición
Que lograron enamorarme.

Quizás fue ese beso
que me supo a licor de miel,
Que de tu boca yo bebí.

Quizás fue la fuerza de tus manos,
que me atrajeron hacia tus caderas
Para bailar sin parar.

Quizás fue el dulce aroma,
que brotaba de ti
y me hacía enloquecer.

Quizás fue tu piel canela,
Tu masculinidad,
Quizás fue tu voz
Que se yo.

Porque desperté un día
Con la convicción de que te amaba,
Que no podía estar un díamás sin ti.

Que el solo tenerte frente a mí
Me hacía estremecer,
Que necesitaba tu boca
Para calmar mi sed de amar.

Que el reflejarme en tus ojos
Era algo sin igual.

Que el percibir tu aroma
Me hace morir en deseos húmedos,
Y me convierte en ríos y mares
En lunas sin estrellas,
En sol radiante en días nublados
En sonrisas sin iguales.
Me convierto En tu mujer.

Yo….Yo no elegí enamorarme

Pero tú me elegiste a mí,
Me enamoraste….y lo hiciste tan bien
Que ya no séqué hacer,
Si no te vuelvo a tener
Como cada noche en nuestro amanecer.

Quizás el sol no sea yo
Como tu tantas ocasiones lo has repetido,
lo has pensado?
Quizás todo el universo para mí
Lo seas tú.

Mi deseo

Hoy grito al viento para que lleve mi mensaje
Que te amo
Que no hay nadie en esta vida,
Que me hiciere sentir tanta dicha.

Que mis manos inquietas están por acariciarte,
Que mis ojos…tus estrellas
Llevan tatuada tu imagen,
Que mi piel y mi ser, aguardan la noche
Para amarte otra vez.

Que no hay licor más embriagante, que tus besos
Que la adrenalina que siento cada vez que te percibo cercas,
Me hace enloquecer.

Enloquecer si pero de amor y pasión concebida
Entre tus brazos fuertes
Reteniéndome, aprisionándome
Para no escaparme de ti,
Como si escapar es en lo único que no pienso,
Si lo único que deseo es en pertenecerte por siempre.

Amarte en mis noches calladas
En mis despertares, en mis atardeceres
Hasta en esos días grises
En los que suelo llorar.

No habrá prisión,
no habrá cadenas
Solo tendrás mi corazón
Para adorarte,
Mis ojos para iluminarte
Mi sonrisa para alegrarte
Mis manos y todo mi cuerpo para amarte
Y mi alma para enamorarte
Cada día que quede de vida.

Hoy gritare al viento
Que te amo,
Que eres el amor de mi vida.

Caminos

Caminos desolados, de árboles de hojas marchitas
Flores ausentes, perfumes sin olores,
Días grises de sol ardiente,
Que me llevan a los recuerdos
De lo que un día yo viví.

Por aquí viaje un día,
Entre hojas de otoño
Con flores de gardenia en mil colores
Con perfumes embriagantes,
Que me ponían feliz-

Entre veredas y senderos
En los cuales me perdí,
Contemplando tu andar
Y andando yo sin para.

Hay dulce amor de mi vida
¿Dónde quedaron esos caminos?
Que yo recorrí.
¿Dónde perdí tus huellas?
Que me hacían muy feliz.

Caminos de hierbas, matorrales, y de árboles frutales
De flores de jazmín,
De nardos y rosas
De claveles en un sin fín.

Cuantos recuerdos secos, ahora en este jardín
De esperanzas y sueños
Que un día yo sentí.

Cuantos lagrimas secaron los caminos para perderte a ti,
Cuantas mentiras borraron las promesas
Que algúndía di,
En esos día de lunas llenas de abril.

Ven

No hay océanos que me ahoguen,
Como me ahoga tu llanto.
Mirar como esas lágrimas se convierten en
mar,
Y yo sin poderte consolar.

Tú…la musa de mis noches en desvelo,
Mi princesa en mi sueño despierto
Mi vivir en una ilusión,
Que solo nace del corazón.

Deja de llorar, de sufrir
Eso tiene un fin.
Deja que las estrellas aparezcan
En la noche obscura
Deja que el sol brille en tu día gris,
Deja que yo solo yo
Te quiero ver feliz.

Ven deja consolar ese dolor que sientes
Déjame secar tus mejillas,
Deja pongo una sonrisa
En ese rostro angelical.

Deja que sea yo
Quien te cuente, lo que yo siento
Que te muestre en el espejo
La mujer que yo veo,
Mi musa, mi princesa.

Solo quiero ser quien te amé
Te llene de flores en mis amaneceres,
Te haga de mi casa un castillo
Y te conviertas y te creas
Queseras mi reina…
La musa por siempre de este poeta,
Donde cada palabra será
Amor…..amor amor.

Porque cansado de ver tus lagrimas,
derramar estoy
De contemplarte con la cabeza, siempre
baja
De que no dejes que el sol de tu mirar
brille,
Por la tormentosa lluvia de penas que te
embarga.

Ven deja que te quiera
Más que a mi vida,
Deja que todo yo
Se transforme en un nosotros
Por la eternidad.

Mi primer pensamiento

Hoy como desde el día que te conocí,
mi primer pensamiento tu
Mi ilusión de la vida tras la muerte tu
Mi única fantasía tu
Mi único deseo tu
Mi presente tu.

Tú que con tan solo mirarme
me envuelves en lava ardiendo,
En deseo de ser solo uno bajo las sabanas,
Que esperan ansiosas las noches
Por escuchar los gemidos de la pasión.

Tu que con besarme calmas mi sed,
Pero alimentas mi hambre de ti.

Tu que con tus caricias sabes
transportarnos
Al mismo paraíso, donde soy la esclava
De tus deseos más ardientes.

Tu que sabes llegar a la calma de mis
sueños,
Y ahí mismo, hacerme tuya una y otra vez
Haciéndome despertar entre tus piernas,
Con tu rostro frente al mío con esa sonrisa
de perdición,
Que me vuelve loca
Loca de ti…por ti.

Por ti es que mi ser solo te pide
Te exige ser solo tuya,
Porque no concibo estar ya sin ti.

Porque eres mi hombre,
que sabe cómo amarme y sutilmente decir
Que soy tuya que te pertenezco.

Mi amante!
Porque llenas cada célula hambrienta de ti,
Haciéndome tuya una y mil veces más.

Mi amigo!
Sabes escucharme, analizarme hablarme
suave,
Y fuerte si lo necesito.

Porque eres mío!
Solo mío!…mío porque soy yo quien te
ama con frenesí,
Porque soy tu amante fiel, donde realizas
mis alocadas fantasías ,
donde te encuentras siempre tú,
Por qué soy tu amiga, confidente
Tu sueño más preciado
Tu realidad de Amar en la misma
eternidad.

Y yo como siempre, desde ese día que mi
cuerpo y alma te pertenecen,
Mi único anhelo es dormir entre tus
piernas,
Con tu abdomen como mi almohada
Y tus manos acariciándome la espalda,
Siempre y por siempre enamorada.

La cigarra

La gente habla entre murmullos, los
escucho gritar
que loca estoy por un amor
que no hago otra cosa que hablar de ti,
que sufro la desdicha de tu olvido.

Si contemplo como vuela la cigarra
es solo por verla libre, como quisiera yo
estar
de los recuerdos de lo vivido
de algo que yo ya no olvido.

Si veo en cada amanecer sentada frente al
mar,
la última vez que la luz de tu mirar invadió
mi ser
llenándome, como cada día de un sin fin
de alegrías.

Si duermo bajo las estrella,
es por solo contemplar
las noches y los días de pasión
y hoy llenos de melancolía.

La gente grita en silencios
que rompen mi armonía,
de tanta palabrería de hablar de amor
por el cual yo me moría.

Mientras mi corazón late,
con tanta pasión que ahoga
mi llanto y mi alma te necesita.

Que sabe la gente de olvido,
que sabe de dolor,
que sabe si no me ven llorar
ya por tu amor.

Mis lágrimas secaron mi ser,
no hay más nada que mojen mis recuerdos
En ríos de sal brotando de mis ojos
No…..No no saben que mi corazón vive
más mi alma se quedó
perdida entre tu olvido,
sin recuerdo alguno de lo vivido.

Y yo….yo loca por no poderte besar,
y con ello regresarte aquí,
A nuestro presente donde nuestro amor
continúe,
y yo…..yo volver a sonreír
Y que los gritos se silencien,
en noches y días de pasión
donde solo el amor siembre
gemidos locos por los dos.

Más la gente en sus silencios
tiene razón
porque tú ya no estas,
no hablo con nadie,
porque te quedaste en el ayer del recuerdo
de lo que fue,
y yo
yo loca por un amor
que marchito.

Enamorado de ti

¿Cómo calmar estas ansias de ti?
que invaden mi mente, mi cuerpo
y mis locas ganas de ti.

Como controlar estos momentos
en los cuales el tiempo se detiene,
y me deja frente a ti, sin yo poderte tocar
o decir cuánto te quiero.

Difícil las esperas que me obligan a callar,
mas mis silencios te reclaman, te piden te
suplican,
que me mires aunque sea un instante,
para calmar siquiera este tormento
que me vuelve loco por ti.

Mis manos te dibujan sin movimiento
en la obscuridad de la noche
te acaricio sin que sientas mi calor
te beso tibiamente sutil,
para que no notes que muero por ti.

Ajena......eres ajena
que osadía de la vida,
enamorarme así de ti
sin podértelo decir
sin manchar nuestra amistad.

Y yo.........yo con mis locas ansias por ti
desde ese día en que el cielo se abrió
y surgiste de el,
con esa forma tan divina de mirar
con tu dulce voz angelical
con ese hermoso corazón
que me hace perder la razón.

Siento necesidad de hablar y decirte
lo que este hombre siente por ti,
lo que mi alma grita y no escuchas,
lo que mis ojos te dicen al mirarte
y mi boca calla para no perderte.

Amistad y ansias dos palabras que no se
cruzan
dos emociones que solo juegan entre si,
y yo y mi alma,
mi alma y yo
todo mi ser
tan solo yo
enamorado de ti.

Locura en mi

Y la noche cae
Cae entre árboles y lunas
Entre nubes de color,
Entre sabanas de algodón.

Cae y tú buscas una locura en mí
Transformando cada poro, en volcán ardiente
En erupción permanente,
en juegos de palabras donde el silencio está de más.

Y se escuchan latidos acelerados
Murmullos inquietantes
Que obligan a la imaginación,
Del deseo
Que te posea que te haga mío
Mientras recorro tu cuerpo con mi boca
Se escuchan tus gemidos ,
Que parecen mutantes en aullidos
de lobos en celo teniendo a su loba
buscando hambrienta bajo la luna
Culminar en éxtasis en el.

Volteas a verme en la obscuridad
Con pasión desmedida
Que en mis ojos solo mira,
Para besarme sediento de mi
De mi……..Solo de mi.

Y cuando se acerca el alba
Caigo rendida entre tus piernas,
Para quedarme dormida aun siendo uno,
Dos almas unidas
En una loca pasión
De amor.

Es sol saldrá y las horas pasaran
Y yo volveré hacer solo esa chiquilla tímida, con la mirada dulce
Que tanto te enamora,
Con la sonrisa consentida
Por tu querer
Que amas que deseas solo verla
Transformar….en toda una mujer.

Dormido

Estas ahí quieto dormido
Desnudo bajo mis sabanas
con el rostro tranquilo
con la sonrisa dibujada y tu cabello
alborotado
Pienso que no hay nada igual.

Y yo abrazándote suavemente
Tratando de perpetuar tu imagen
Para que no llegue mi olvido,
Y no recuerde lo que en este momento
siento.

Son ganas locas de quedar así
Con tu cabeza en mi pecho
Tus brazos rodeándome
Y tus piernas sobre las mías,
Como si no quisieras que el tiempo pasara
al igual que yo.

Siento tu suave aroma impregnada en mi
piel
Cierro los ojos y revivo la noche temprana,
Cuando con tu voz varonil me llamabas
Me Pedias que viniera a tu encuentro.

Y yo complaciente me dejaba llevar
Por ese sin fin de caricias y sensaciones,
que me llevan a la locura y transportan
A otros cielos mi clímax en ti.

Y como si volara sobre cielos azules
Donde la briza del mar saciara mis ganas
de ti
Y las olas fueran abrazos eternos de calma
y pasión,
Donde solo tú eres capaz de hacerme
llegar.

De repente un liguero movimiento tuyo y
tus ojos de luceros,
Me aprisionan en tu mirar
Tu sonrisa me atrae en un eterno beso.

Amado mío, mi amor
Y tu sonriendo me besas, abrazándome
cada vez másaprisionándome en tu cuerpo
viril,
Despertando las ansias locas de ti.

Me haces nuevamente el amor
Totalmente diferente a la noche anterior,
Hambriento de mí
Como si no me hubieras tenido la noche
anterior
Murmurando entre silencios
Que me amas que soy tu amor.

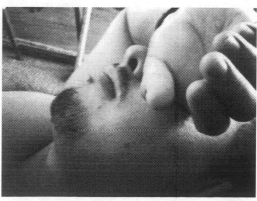

La loca

JAJAJAJA…..me llaman loca
Loca si, por que no entienden que muero por ti.

Por qué en tus brazos solo quiero vivir,
Que de tu boca quiero solo respirar,
Y de tu alma jamás salir.

Loca!
Si soy una loca,
Porque en tus manos me refugio de mis miedos
En tu mirar encuentro la luz para seguir
Y aunque obscura sea la noche,
Yo te veo ahí mirándome, deseándome
Y yo me dejo llevar por ti.

¡Loca!
Si y mucho…..porque tus caricias me enloquecen,
por que tus labios son los únicos que sacian mi sed,
Porque no concibo la vida sin ti.

La loca…….. Jajaja me llaman loca
Y que saben ellos de amar
¿Que saben ellos de esta pasión que me mata?
Que me transporta a la gloria
Y al mismo infierno si no te tengo
Que saben
Ellos no saben amor
Que mis sábanas son tus caricias
Mi cuerpo tu único deseo

Tu ansias solo mías
mi alma solo tuya
Que saben si afuera llueve nieve
Y aquí llueve fuego

Nada saben de mi!

Nada que tú no sepas de mi amor por ti

Loca loca loca

Que digan lo que quieran,

Que piensen lo que quieran

Que solo tú y yo,

Sabemos exactamente lo loca que estoy,

Por ser tu esclava y tu mí señor.

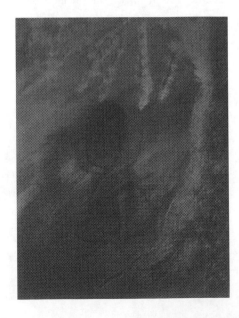

Desnudo

Desnudo se le ve llorar
Caminando bajo el manto estelar
Con la barriga vacia,
Y ese mar sobre su mirar.

Quiere pan y un trosito de amor, de calor
En el cual sacie su hambre del corazón
Donde no sienta más miseria,
Donde se gane una sonrisa que le alegre
el alma
y no ser ignorado por ti, por un extraño o
por ese
a quien tanto adoramos.

Se siente triste se quiere morir.

Cuando escucha por ahí, a la madre
gritando a su hijo.

Al padre golpeando ala madre.

Y al hijo insultando a su padre

Ironica su vida o la vida es una ironia,
Que juega a ser de el un guiñapo
Un títere viejo.

Entre piel sucia, donde ese niño es oculto
en la indiferencia, Donde nadamos en
desconfianza
Donde olvidamos la caridad.

El amor, el respeto.

Y es ahí cuando dejamos de ser humanos
nos convertimos en nada!

Pues nada somos y nada heredaremos

Pues no somos capases de enmendar
nuestros errores y horrores y caemos de
nuevo en nada

Y el dejando huellas invisibles

Por caminos de sal,

Donde las llagas sangran

Y tú sin quererlas ver.

La poesía

Hoy, quise escribir una poesía
Mas se quedó en tus labios de dulce
carmín,
Que bese en mis noches en las que creí
morir
De éxtasis sin fin.

Quería escribir una poesía de ti,
En la cual relatara el sentimiento
La felicidad, la dicha, el amor,
Que es un regalo de Dios para los dos.

Quise describir que eres la niña de mis
ojos
Que me hablan de amor,
Y solo te veo a ti acurrucadito en mi
Y yo perdidamente enamorada de ti.

Como empezar a escribir
Si al intentar describir una noche de
pasión
Dibujando tu cuerpo con mis labios,
Mientras tu delineas en mi
Palabras que dictan tu corazón.

Sera difícil amor escribir algo de ti,
sin que mis ansias no me ganen
y te vuelva a tatuar en mi piel,
Acercándote hasta que seamos un solo ser.

Sé que no es tarde quizás pueda escribir
con los años que me queda por vivir.

Escribiré en mis ojos,
En la arena de nuestra playa,
En las sábanas blancas de nuestras almas,
En las paredes de nuestra habitación,
En tu hermosa espalda,
O en cada poro de tu piel.

La poesía más hermosa
De quien jamás te podrá amar más,
Que el amanecer en tus ojos
La noche en tus labios
La vida en tus brazos.

La escribiré desde mi alma enamorada
Directo a tu corazón mi amor.

Lo prometo

Prometo sin sobrepasar mis límites
Solo recordar sin sufrir,
Para vivir sin sentir morir
Sintiendo la derrota de una batalla
Sin cuartel,

Donde mis lágrimas secaran los océanos
Inundando con tormentoso llanto,
Los desiertos de mi soledad
Que quedo solo con tu adiós.

Y recordare cuando te conocí
Aquel hermoso día de abril.

Me cautivaste con tu mirada penetrante
Como los rayos bajo la tormenta,
Temblé como niña de miedo
Más tu contacto cálido
Dejo inhabilitado mi temor.

Vinieron días de sol,
Puestas junto al mar,
Noches interminables de loca pasión
Y amaneceres que no volverán.

Todo era perfecto
Tus ojos de seducción
Tus labios de tentación
Tu cuerpo angelical,
Y esas dulces delicias
Que me hacías sentir desde tu corazón.

Prometo vivir el recuerdo
Con dulce melancolía,
Sin dolor como un sueño
En el cual puedo regresar.

Prometo amor
Solo olvidarme del dolor,
De ese fatal día
En que tu, casi inerte
Me susurrabas un amargo adiós
Bajo lágrimas de sangre.

Dijiste que era el fin,
Que debía seguir sonriente
que ese fuera el único día,
Que mis lágrimas me inundaran el alma
Y que jamás olvidara cuanto tú me amabas
y la lluvia de asteroides
Me cubrió de tu paz.

Te necesito

Hoy quiero confesarte amor
Que te necesito
Que necesito tu boca,
Para beber de ella hasta
saciar mi sed
Y embriagarme de ti.

Necesito tus manos
Para que me acaricies a morir,
Haciéndome sentir que solo soy de ti.

Necesito tus ojos
Para que guíes mi camino,
Que no pierda el sendero
Que llega hasta ti.

Necesito tu corazón
Para ponerle música, a cada sesión de
amor
En las cuales tú y yo dancemos al mismo
compás.

Necesito tus piernas para cobijar
Las mías.

Te necesito a ti,
Para hacerte sentir con mis besos.

Con mis manos,
Con mi corazón,
Con mi cuerpo,
Con mi alma.

Todo el amor que soy capaz de poseer y
ofrecer
Que si quieres la luna en mi mirar la
puedes tener
El sol tuyo puedo ser
Como cada día en nuestro amanecer
Y bajar el cielo asta tus pies
En éxtasis en un solo placer

Te necesito como tú me necesitas a mí
Y hoy como cada día te lo quise decir,
Como se mismo dia en que te conoci.

Ve y dile

Ya es tiempo….mira tú reloj
Mira……no pierdas ni un minuto y corre
 Ve y dile cuanto le amas,
Cuanto tiempo esperaste por el.

Dile….cuéntale las noches que anhelaste
Sus caricias, su forma peculiar de hablar
Su mirada ya perdida en ti.

Dile…..no te calles
Porque tal vez mañana sea tarde,
Y no despiertes ya.

Hasle sentir la mujer hambrienta por el,
La que se quema por sentirlo plenamente
La que sabe con sus besos recorrer,
Los caminos que lo perderán en ti.

Dile que ansias beber de sus labios,
La última gota de miel.

Mientras con tus manos rescatar su
hombría
Y en un éxtasis, ser solamente su mujer.

¡Bésalo! mientras ardes en deseo por el.

Bésalo, que sienta tus montañas erguidas
Rosar su piel.

Abraza su espalda, susúrrale que lo amabas
Desde mucho antes que él te mirara.

Que caminabas a su lado
Para impregnarte de él.
Y que ahora lo harás asta enloquecer

Es tiempo ya
De que ames sin pensar
De que hables
Sientas
Goces
De el.

Mira ya no pierdas tiempo,
Dile que eres la mujer que lo anhelo
Y que siempre vivió en tu corazón.

Entre tus brazos

Anoche me dormí entre tus brazos
Como ese primer día en que te conocí
Y mientras soñaba,
Tú sutilmente me enamorabas, me
seducías.

Y yo alcanzaba a vislumbrarte
Entre la noche cálida,
y mi océano dormido
Entre la tibia arena de seda
Rosándome la piel,
Haciéndome estremecer
Enamorando mi alma.

Con el viento perfumado
De ti fragante aroma que me transporta al
cielo.

Tus labios tibios iban marcando
Cada poro de mi,
Escalabas las cúspides
De mis montañas,
llevándome entre nubes Rosadas,
A la cima del placer.

Mi cuerpo se transformaba
En inquietante mapa de tus deseos,
Que con tus manos un tanto rudas
Acariciaban sin parar,
Temblando al mismo compás que mi
corazón.

Y como en un bosque perdido se escuchaba
A lo lejos ciertos gemidos como aullidos
De lobos en celo,
Que entonaban dulce melodía a mis oídos,
Mezclados entre ruidos nocturnos ruidos
sin igual.

Dormía tan plácidamente
Que no deseaba despertar,
puesto mi inconsciente no sabía si era real

Hoy ya después de un largo sueño
desperté observando la mañana entre tus
brazos
Desnuda, con el cabello enredado entre
tus dedos
Acariciando mi espalda
Y tu dormido con una sonrisa
para mi.
Hoy como tantas veces
sé que te amo,
Y que dormida o despierta
estaré sin más entre tus brazos,
Esperando el sueño eterno
Donde aún despierte y este aun a tu lado
Con una sonrisa al despertar
Y mí cabello enredado.
Pero junto a ti.

Sólo un poema sobre mi piel

Solo tengo un poema
Escrito sobre mi piel.

En soledad en la alborada
En una noche fría,
De esas de junio o abril
En las cuales yo me escribí
Soy más letras sin cuerpo
Y mi cuerpo sin ninguna letra.

Mi pincel en lágrimas de olvido,
Y mi olvido sin una lagrima.

Soy voz sin sonidos
Soy un poema perdido.

Soy una mente, en sentimiento
Soy sentimientos sin una mente.

Un alma desnuda, eso soy
Soy mil besos llenos de pasión.

Una exclamación ahogada,
Y ahogada en silencios estoy.

Soy la centinela de mi corazón,
Y prisionera en el estoy.

Soy un sentir palpitando,
Un espíritu luchando.

Soy el eco de tu llanto,
Y el llanto que se hace eco.

Soy ese poema que habla de amor,
En el cual el amor soy yo.

Soy historias no contadas,
Y miles historias sin mí ya narradas.

Soy todas esas letras que jamás escribirás,
Porque escritas en ellas ya estoy.

Soy mujer, hambrienta de sueños
Y sueños también soy.

Soy amante, sedienta de amar
Y soy esa sed que jamás saciara.

Soy un cúmulo, de ansias locas
Y más loca que esas ansias soy.

Soy guerrera incasable

Soy paz inmutable

Soy tiempo sin segundos

Soy segundo en ese tiempo

Soy la nube bajo el cielo gris

Soy la lluvia de abril

Soy árbol de otoñó

Soy flor de primavera

Soy la amante perfecta,
Que siempre te espera.

Solo tengo escrito un poema,
Y ese poema eres tú.

Caricias

Caricias de ángel sobre mi piel
Tormentas de ellas sobre mi
Donde me he de perder,
entre tardes de abril
Y un verano en mi ser.

Volcán encendido…lluvias de sal
Noches de estrellas fugaces
y un te amo en suspenso,
Donde se grita en silencio
Que aún vivo,
Que siento.

Nostálgico ambiente,
Que se siembra en un presente
Tocando con el alma
Aquel hermoso y dulce ambiente.

Sonrisas……llanto
Lamentos…deseos
Un conjunto de sin sabores,
Que quedaron en el tiempo.

Miradas de sol en el recuerdo
Quemándome ahora en mi mente,
Tatuajes de besos imborrables
En montañas y valles.

Tanto! y cuánto?
Sinónimos en si
Conjugados el tú y yo,
En verbos….en versos.

Poesía no escrita,
Un deseo irreprochable
Sentidos en polvo de desiertos
de arenas que queman,
Dejando marcado
su paso en mí.

Tiempos….tiempos
De segundos infinitos,
En adiós pronunciado
Entre besos y caricias.

Amor no llores más
Toma mi mano
Camina en mi

¡Amor!

Sin esperanza

Amor la vida se nos va
Entre los dedos,
Como agua de mar sin sal
Donde solo tú y yo nos sabemos amar.

Nuestro cansancio
Es nada más que olvidos,
Sin esperanza
Una marcha forzada,
Ala costumbre
De lo que creíamos amar.

Mis ojos marchitaron
Ya no brillan igual,
Mi piel arrugo
Y su perfume cambio.

Mis manos son solo sedas arrugadas,
Que ya no vistenigual las caricias
Que te solía regalar.

Y en mis hombros desnudos
Caen cascadas de hilos de plata,
Que a mi cabeza visten sin igual.

Amor donde quedo esa sensación
de ser todo un mundo para ti.
Donde quedaron escritos esos poemas
De pasión interminables,
Que se dibujaban en mis labios,
Al tocarte la piel y el alma de besos en el aire.

Como quisiera que la luna
Se fundiera con el sol,
Envolviendo a mis labios
De tu tibio corazón,
y deseosa de con una letra
Volver a escribir
Lo más común de mi amor.

¡Más hablo sola!......más sola que nunca
Estoy entre mi soledad y el olvido
Tratando de que el amor
Se quede entre mis dedos,
atrapada en la esperanza
De encontrarte más allá de mi muerte.

Mis lunas sin ti

Necesario los lamentos
Las miradas perdidas,
los días grises
Las lunas sin ti.

Necesario es que grite
Tan fuerte como el silencio,
Tan callado que escuches
Mi alma enamorada.

Quiero decirte vida mía
Que triste son las agonías,
Que las estrellas están furiosas
Por qué solo veo te veo a ti.

El viento celoso
De los versos en el aire,
Con letras en mi corazón
Que hablan solo por ti.

Necesarios los lamentos del sol,
Porque mis llamas de pasión
Son de amor…de amor solo por ti.

Necesario que la rosa y sus espinas
Perfumen mi cama y mis sabanas,
Para que mueran celosas de tu aroma
Esa aroma de mujer madura,
Que enloquece mis sentidos.

Necesario que te amé mujer,
Que haga de los lamentos
Gemidos de placer.

Que convierta cada instante
En segundos interminables,
Para que el longevo tiempo
No cobre de mí la vida que te di.

Mis años mozos
Mis ansias locas
Mi pasión ardiente
Mis besos más húmedos
Mis secreto mejor guardado
Mis fantasías felinas.

Las noches de tormenta
Los días de melancolía,
Las tardes junto a la playa
Y alguna que otra en el desierto
de algún olvido.

Y no volver a escuchar más lamentos
Que no sea por ya no tenerte,
Por ya no poseerte,
Hay mujer…..mujer
Cuantos lamentos
Atados a mi silencio.

Dormida junto a mi

Cuantas verdades ocultas en tu mirar
Me hacen padecer, me inquietan el alma
Juegan en mis pensamiento que no son otros
Que solo tu transformando en ansias
Mis ganas de ti
De tus besos con esos labios de carmín
De dulce sabor embriagante
Que me hacen adicto a ti…..¿Adicto?
¡Sí!…si no puedo dejar de pensarte
De recordar cada instante en el que hiciéramos
De ese segundo un volcán en erupción,
Donde tu cuerpo y el mío jugaban al amor
Donde mis manos no se detenían
No deseaban parar de recorrerte cada poro
De tu bello ser,
Y mi boca sedienta bebía de ti
De tu manantial de ese que te provocaba
El ser solo uno nuestros cuerpos.

Hambrientos de ti y de mi de nuestro placer
Que felicidad la mía, recordarte así desnuda
De falsedad con el alma al descubierto,
Con esa mirada de perdición
Que solo yo te provocaba….
Y aún más feliz soy
Porque en esos recuerdos te tengo a mi lado
Dormida junto a mi
Y yo te despierto en mi realidad para volver,
Una y otra vez a sentir el cielo bajo mis pies
Y tu divino amor sonríes solo para mi
Y en tu dulce mirar me reflejo
Y veo lo feliz que es despertar junto a ti.

Me olvidé

Me olvide despertarte
con un beso en la mañana,
Haciendo de tus sentimientos
Una única sabana.

Olvide que te quería
Que no había, noche sin estrellas
si tú me mirabas.

Olvide la música que era tu voz
llamándome amor.

Quizás no me di cuenta,
que tu esperabas por mí
Que sufrías en silencio,
Mi olvido ya lamentos.

¿Cómo? Se olvida el amor… No lo comprendo,
Me di cuenta que me hacías falta,
Al sentir ese frio que deja la soledad,
Ese vacío que no tiene fin.

Que los días aún sin ti, son grises
Tan grises que me dan miedo

Como fue el olvido conmigo
Si te tenía cerca,
Y no te miraba
No te escuchaba.

Te perdí lose……
Y eso quebranta las razones que me hacen necesitarte,
Olvide lo inolvidable,
Y ahora recuerdo que estabas ahí junto a mi
Y yo una gran idiota desde que te perdí
Olvidando lo que no debi.

Y sigo extrañándote

Y sigo extrañando
Las tardes junto a ti.

Recordando dentro de mis nostalgias, tu ser.

Recuerdo con el viento
tu aroma de abril.

Recuerdo con la noche
El obscuro camibno a mi perdición.

Con la rosa
El color de tus labios de carmín

Con la mañana brillante,
Tú sola presencia

Extraño…Como extraño tus manos
En mí.

La forma casi perfecta de acariciarme
Y volverme loca con tal frenesí,
Que mis ansias se escuchaban
En el silencio de tu mirada.

Siento en mis nostalgias
Los momentos en que en un solo sentir,
Murmurábamos un te amo y miles mas con la mirada.

Ahhhhh tantas cosas tantos momentos
Y miles de recuerdos.
¿Cuándo, cómo y dónde?
Lo vivido se hizo recuerdos,
Y los recuerdos en nostalgias
y las nostalgias en un sentir
De mi alma enamorada,
De lo que un día fue
Y hoy pasado es
Un pasado que duele
Que mate.

Lágrimas

Solo un fue que ahora ya no es
Cubre mi rostro de lágrimas de sal,
Inundando mi corazón
De melancolías
Dejando sensaciones de vacío y soledad.

Cuanto añoro tu rostro en mis manos,
Tu dulce fragancia invadiendo mi espacio,
Tu voz en mi oído susurrando esos
gemidos
Que me hacían enloquecer.

Hay ahora excesos de nada,
Sumergidos en mi océano
Dormido.

Me quedan olas inquietas
Sin romper.
Mareas de ansias aun en mi piel.
Besos pospuestos al atardecer.

Ríos que no desbordaran
Entre mis piernas,
Que no te encuentran,
En los caminos a tu ausencia,

Y mientras el polvo gris de la melancolía,
me ha cegado no dejándome contemplar
De nuevo la vida,
Que ya sin ti era lenta agonía
Con un corazónmás que roto,
Que no puede y no quiere olvidar
Mientras mi mirar este llena de miedo y
de recuerdos
Que pudre mis sentimientos.

Quiero sentirte, como el aire que necesito
Cuando no hago pie en este océano,
Y las tormentas de promesas rotas
Cubre mi alma,
Con el tiempo pasado en tus brazos
Y la luna empezaba a aparecer
En mis ruegos de lo que ya no es
Dejando atrás la sonrisa efímera que vi en
tus ojos.

Ahora léeme no te pido más, en la parte
más obscura de mí
Solo encontraras lo que un día fue y ahora
ya no es,
Mi pasado en un presente de un adiós
entre versos mal escritos,
Entre mi poesía perdida
Naufraga en vacío.

No lo sé

Si mis ansias de ti no fueran tantas…
¿Qué pasaría?
Si te besara la piel.

¿Me escondería de ti?
¿Dejaría de ser yo?
No lo se.

Pondría un beso en tu boca,
Y te arrebataría los ecos de la inseguridad
De que pasaría si nos amamos,
De que paria si te tentara las manos
Creo que ataría mi piel a la tuya,
Como loca esperanza de hacerte mía

Para siempre
O por siempre

Que siempre es mucho,
Pero junto a ti me es poco.

Porque deseo ser tu único refugio
En tus noches de frio en tus soledades
O en tus multitudes,
Por qué me es poco.

Cuando te tengo aun cerca,
Pero tan lejos
que no puedo ni hablarte.

Creo viviría perdida
Odiando las mañanas,
al ver cómo te marchas
de mis sueños esfumados.
Y sin la alegría de mi realidad en ti

Si te besara….si me atreviera
SI te llevara entre mis brazos,
Te protegería como nadie
Te guardaría los sueños
En silencios
Sobre mi alma enamorada.

Si te besara……si te besara

Si tan solo me atreviera.

Carta a ti madre mía

Después de ti
Mi alma quedo atrapada
Entre tantos te quiero,
Que guardaba para ti,
Que ya no te pude decir.

Y mi ser se volvió gris
Como esas mañanas resguardándome
De la lluvia, para no enfermar
Y enferma quede sin ti.

Llore no lo niego y aun lloro,
Con las melancolías de ti madre mía.

Cuantas ganas de ti,
aún conservo en mi corazón
Que se ahogaba en dolor.

Pero sabes aprendí
De ese reloj que no anda,
Del tiempo que se escapa tras mis dedos
Aprendi que tú eres mi razón de ser,
Que lo GRAN MUJER Y MADRE que
fuiste
Lo guardo celosamente en mi alma.

Aprendi a tomar el valor para enfrentar
La vida tal y como viene
A ser fuerte, trabajadora y honesta.

Aprendi a ser orgullosa de mi misma
Mas nunca soberbia,
Aprendí a cuidar de los seres, esos que
llamamos hijos
Y a amar como tal, a esa personita que
llego sin avisar.

Aprendi a cuidar de mi,
A no estropear a este ser humano
Aprendí que los recuerdos no se mesclan,
Que se llevan y resguardan en el alma.

Aprendí que el café con milo Y pan
tostado
Sabe mejor si te pienso.

Aprendi que si hay tormenta,
Seré capaz de salir de ella vencedora
Que la familia es lo más importante
Y que los amigos se escogen,
Como granitos negros en el arroz.

Aprendi que el mar es mi refugio,
Y que tú eres mi mar.
Madre mía,
Mi ángel personal Protégeme,
Y déjame ser lo mejor de mí para ti.
Para que pronto nos reunamos entre ese
océano de estrellas donde vives.

Te amo viejita linda
Y sé que mientras escribo tú la escuchas y
sonríes Sutilmente para mi
Y me abrazas en tu bendición.

Anhelos

Déjame amarte
Entre la noche obscura
Entre mis días.

Déjame amarte
Con un Amor perverso
Tomarte poseerte
Y que me desees en un beso
Mientras me posees tiernamente
dulcemente
Mientras mis manos
Te expresan Muy claramente
Que soy tuya.

No dudes Amor mío
Cuando te digo soy solo tuya,
Mis labios solo se sacian en ti
Solo deseo beber de ti
De tus manantiales alcoholizantes
Embrujados por ti.

Que no dejo de desear día y noche
Soy adicta a tus caricias,
Esas que solo tu bajas a mis pies
Ese cielo que se vuelve eterno.

Soy tu amante fiel
La que sacudes con un te amo
Dicho al oído,
Gritado en un mirar.

Soy la hembra en selo,
La que hambrienta te hace el Amor
Te aprisiona entre sus piernas
Te enreda entre sus cabellos
Te hace Caer ante ella
Tomando entre tus manos
Mis montañas
Besándome cada célula
Mientras yo….. Yo tu hembra
Enamorada te pide un poco más de ese
Amor perfecto,

Entre tú y yo
Que ni la muerte misma podrá separar.
Aun en el tiempo sin ti
Y tú sin mí,
Ya que nuestras Almas
Son más que dos cuerpos
Más que Los te quiero
Más que Los te amo
Es promesa de ser tuya
Tu mío.

Y aquí tatuado tú en mi
Y yo en ti,
Deseo seguir amándote
Con la fascinación de lo imaginado hecho
realidad,
Ya que nuestros gozos y Anhelos
compartidos son Amor vivido,
Déjame amarte
Déjame decirte con mis ansias
Que soy toda tuya
Que seré tuya en la eternidad,
Donde nuestros Almas
Aun seguiránamándose.

Te confieso

Confieso corazón que no soy la misma
¿Dime porque siempre termino sin
aliento?
Me apasiono y en mi pecho, el sufrimiento
renace Porque me entrego así.

Si en realidad soy solo una aventura,
Un ave sobrevolando mis propios océanos
En un deseo y nada más.

Y ahora qué es lo que hare para olvidar
Tanta dulzura aniquilante,
Tantas besos embriagantes,
Tantas caricias que me llegan a la locura
No!.......no es justo!!!
Entrar a sí a mi vida.

No....no es correcto
Ser solo una aventura,
No es justo no dejar otra salida.

Ahora solo aguanta corazón aguanta,
Ya que deseaste esta pasión prohibida
Yo......También lo deseaba
No lo niego y te lo confieso,
Moría por sentirte mío......solo mío
Y olvide que tenía miedo a amar.

Esto ya no es tan solo un juego
Y no tengo salvación,
Me entregue a ti
Y olvide que solo era pasión.

Por que no paras de soñar,
Porque olvidaste que solo éramos amantes
Solo una aventura y nada más,
Y deja un mal sabor el terminar así.

Me queda el corazón en carne viva
Se vuelve el tiempo en melancolía,
Se va esa loca idea de que seas mío
Y dan ganas de morir,
Se Volvió todo infinito
Y tu........tu loco chiquillo
Espuma congelada bajo la noche abismal
Del adiós.
Y yo......yo me quedo atada en recuerdos,
En largos momentos que no volverán.

Nuestros tiempos

Quizás dentro del mismo tiempo
Mis ansias de ti aminoren,
Todas esas locas sensaciones
Que me hacen desearte tanto
Quc llcnan mis pulmones,
como aire fresco tu perfume
y envuelve en fuego mi locas
ganas de amarte.

Quizás en algún tiempo
nuestros tiempos se junten,
y envolvamos en caricias
todas esas fantasías de ti y de mí.

Y esos momentos eternos
Que hacen extremadamente
Difícil sacarte de mis pensamientos
Quizás......Solo quizás
el tiempo y sus segundos
no sean eternidad

Oxigenare mi alma
Donde mis olvidos ya no te cobijen
en sus recuerdos,
Donde mi piel se torne másfría que la noche
Donde todas esas Ansias de comerte la
boca sean apaciguadas, Y no quede nada
de mi fuego
de esa pasión que hoy se volcó en soledad.

Y vaciare mis ansias, donde solo mis
manos
Acarician el viento,
y me entrego a el
en éxtasis sin fin,
Mientras una lagrima se congela en mi rostro
con sabor a sal.

Quizás....
palabra que da esperanza a mi alma
enamorada
Y dolor a mi corazón.

Hagámoslo

Deseos, sentimientos utópicos,
Que he inventado
Para poetizar el placer de ti
En la perversidad, en la distancia
Y la pasión a punto de explotar
Enviando besos al aire
Que un día te he de dar
Te presentaras ante mis ojos
Te acorrucaras en mi
Y dejaras acaso tu corazón en mi
Mientras hoy
Y aun separado indiscutiblemente de mis ansias
Mis manos te piensan
Quebrantando ridículamente, los ríos de mi ser
Con mis altas montañas enloquecidas
Por ser habitadas por ti,
Más la esperanza de tenerte
Me alcanza en pensamiento,
Y el tiempo camina lento
Yo te siento en la espera de la hora exacta.
Del vino en tu boca
Para beberlo todo yo de ellos
Y sentir el fuego de alivio
De ser esa hembra de tu necesidad.

Sere esclava de tus ansias, de tu más ocultos deseos
Y yo me siento ya temblar por ello,
Y alimento mis propias fantasías
Dejare paso a un escozor,
Que nuble nuestro pudor.

Y en el suelo blando
En la alcoba de un hotel
En el bosque de la ciudad
O en cualquier lugar, sin intercambiar
Razonamientos engañados
Por esos que llaman pudor
Ahoguémonos en simultaneas obsesiones
Del tú y yo,
En un volcán en erupción
Y careciendo de labia alguna
Para conversar
Hagámoslo con nuestra piel,
hasta enloquecer

Estas ansias de ti

Y la pregunta de cómo calmar
Estas ansias de ti
Que invaden mi mente, mi cuerpo
Está matando este silencio.

Como he de controlar
Estos momentos,
En los que el tiempo se detiene
Y me deja justo frente a ti,
sin poder que solo rosar tus mejillas
Sin poderte decir cuánto te quiero
Difícil las situaciones, las esperas
Que me obligan a callar
Mas mis silencios te reclaman,
Te piden, te suplican
Que tan solo me mires con el alma
Aunque sea un instante
para calmar siquiera este tormento
que me vuelve loco de ti.

Y aunque no eres mia, mis manos en
ocasiones
te dibujan en movimiento,
En la oscuridad de la noche,
Te acaricio en mi soledad
Sin que siquiera persivas mi calor,
Te beso en el aire tibiamente
Tan sutil que alcance a jugar
entre tus cabellos,
Y tú ni siquiera sabes
que muero por ti.

Ajena… Eres ajena
Que osadía la mía!
Enamorarme así de ti,
Sin podértelo decir
Sin manchar nuestra amistad.

Y yo con mis locas ansias de ti
Desde ese día que el cielo se abrió,
Y de el surgiste con tu voz angelical
con ese hermoso corazón,
que hace perder la razón.

Siento gran necesidad de hablarte
de decirte
Lo que este hombre siente por ti,
Lo que mi alma grita y mi boca calla
mientras mis ojos te lo dicen tan solo al
mirarte.

El ángel de la abuela

Un ángel me conto
Que soñaba contigo,
Que el sol jugaría en tus ojos,
Que delineaba tu cuerpecito
Entre el aire y sueños
Que te imaginaba,
Tal mariposilla traviesa
Jugueteando por aquí y por allá.

Que te imaginaba asi tal cual
Te amo desde que te sintió vivir
Y luchar por ser un amor, difícil de olvidar
Y en tu frágil ser dibujaba cientos de
colores
Y te imaginaba hermosa
como esas Dalias que tanto amaba.

Dijo que fueron nueve meses
De un mundo rosa para ti
Creciste poco a poco
Con su calor desde su vientre
Te alimento con bellas palabras y caricias
Hechas de amor
El momento que tanto ella deseo llego
Eh hiba a conocerte,
Estaba muy protegida en oraciones
Con un cierto miedo a perderte,
Se hizo la luz para ti
Una mañana de febrero

Mamá ahí estabas tú!
Eras la bebe más hermosa
Maravillosa y dulce que ella había
imaginado
y sabes qué? Le creo pues te eh visto
envejeser dejando en cada paso una huella
difícil de borrar.

Aprendiste a caminar a balbucear sobre
mamá
Aprendiste con el correr del tiempo
Y en tus andanzas más peligrosas
Cada consejo que ella te daba,
Valoraste cada acto de amor
Y le hiciste muy feliz.

Anoche un angelito me conto
Que esa mañana fue muy feliz
Dice que te extraña
y me pide que te amé
Como ella te amo.

Eres más

Eres sólo eres más de lo que soñé
Eres....
¿Cuantos espacios en mi alma
Eres tú?

Eres luz de luna en mis ojos.

Eres estrellita fugaz
En mis sonrisas.

Eres graciosa, ola de mar
Jugueteando en mis pies.

Eres brisa fresca mañanera,
Que suelo disfrutar,
En mis etapas del amar.

Eres esa chispita de pasióndes
Bordada sobre mí.

Eres el más delicioso licor,
Que embriaga mis sentidos.

Eres el placer de mis pasiones.

Eres la calma de mis soledades.

Eres el suspiro contenido,
En mi alma.

Eres la caricia perfecta,
A mi corazón.

Eres tú único sentir de mi alma.

Eres así....tal cual,
Eres más de lo que ser, es tan poco
Y poco suma a nada y nada prevalece más que tu
Por que eres tal como te soñé.

Saber te mío

…Que bendición saberte mío

Entre tantos días grises ,
Y algunos, mayormente soleados
Donde las nostalgias me inundan
Mi océano en sequía,
Entre recuerdos vividos
Y en donde lo vivido se olvida,
Y reconozco tu fiel figura,
encaminando mi caminar
Entre penumbras ya disminuidas
Por tu amor incondicional,
Dejo muy atrás mis miedos
Y me entrego por completo a ti
a ti mi amante fiel,
Tatuaje, cada día aún más perfecto
A ti que dominas mi alma
Y mi cuerpo,
Donde tus manos, tú voz
Y siempre tu mirar
Me hacen presa fácil, de tu amor
Y en ocasiones sin ni siquiera
Tocar mi piel
Embriagándome, haciendo de mi
Tu esclava fiel
Donde no hay nada más que perturbe
esta forma tan celestial de amar.

Y quisiera gritar donde mis silencios se encuentran
Que mis olvidos
Son sólo recuerdos
Donde ahora solo estas tú
En el ayer
En el hoy
Y quizás en mi eternidad.

Te sufrí

Enamorada de ti,
En mis silencios
En los que mi alma grita,
Que en vano espero tu palabra escrita
En mi cálida espalda,
Que ya en agonía, esperaba tus caricias
Y pienso con la flor que se marchita
Que el aire es inmoral!
La piedra inerte,
Y que mi corazón no necesita
La miel de la luna que vierte,
sobre mi océano en sequía.

Pero yo sufrí y rasgue
Mi alma,
Buscándote deseando
Te enamoraras de mi
como lo estuve yo de ti.

Y con el hastió
Con ahora terribles palabras
Te lo digo con miedo
Muero por qué me arrojo
Porque quiero morir
Porque este aire de afuera
No es mío,
¡Quiero amor!
¡O la muerte!
No quiero más soledades
Como cuando te amé

Quiero ser lava ardiendo
De esa teñida de pasión
Desbordando amor
En un cuerpo feliz
Que fluya de mis manos
Brillo de sol en caricias tenues
Sentir un beso de tus besos
O el frio de la muerte
Pero sin soledades mientras viva
Ni acompañamiento en mi muerte
pero si ya no me bastase la vida
Y más allá de ella
Quería supieras lo que yo te amé
ese noche sollozante y enferma

Y te sufrí.......cuanto te sufrí

Para que me vuelvas a querer

Cuantas nostalgias sembradas en mí
y ni hablar de los besos que no te di
Las caricias que guardo en mi piel
Solo para ti
Como saciar estas ansias
¿Que devoran mis noches pensándote?
¿Como devolver a mis desvelos
Tantas horas muriendo en soledades?
Que ahogan mis sentidos
Eh imploran clemencia a tu olvido.

Y tú ahí mi fiel amigo
Mirándome sin saber ya quién soy
Con esa mirada perdida en la
incertidumbre,
Y tu voz sin saber ya pronunciar mi
nombre.

Ah! Maldigo el destino cruel
Que te llevo hasta ahí,
Donde no puedo rescatar siquiera
Una pequeña sonrisa en ti
Para mí.

Y yo......yo prisionera a los recuerdos
A contemplarte ahí tan frio y distante
preguntándome una y otra vez,
¿Como fue que olvidaste
lo inolvidable?
Y dejaste de ver lo que yo te amo
Y lo que yo era junto a ti,
lo que éramos debajo del cielo azul
hoy pintado de gris
donde quedaron esos días de pasión,
entre tú y yo

Como hacer que recuerdes las caricias
aun tatuadas en mi?
Como comerte la boca a besos?
Y derretirte entre mis brazos
Y hacer del día la noche,
Y la noche en día
En éxtasis colosal
Donde solo tú podías navegar
Entre mi océano y mis deseos.

Y yo podía bajarte la luna

En un orgasmo de miradas
En un clímax total
¡Injusta la vida es!
Dejando tantas historias escritas
En mi piel por terminar,
y tú el escritor de ellas
sin nada más que decir
Sin poderlas terminar.

Me quedare aquí sentada
en nuestro viejo sofá,
Pensándote con mis manos
Deseándote con el alma
amándote con mi ser
Hasta el día en que me vuelvas a querer.

Tiempos

La lluvia cae
el viento sopla
El frio calándome
Y tu recuerdo aquí
Entre mis nostalgias,
Y yo.

Recuerdo aun,
Ser tu inspiración
Saberme ahí,
Entre tus manos
Y tú respirar,
Saberme mimada
Como tú solías hacerlo
Saberte de mí, enamorado
Mirarte
Sentirte
Olerte.

Y llegan a mi
Mil palabras,
Todas hablando
De ti mi amor.

Que ganas
de escribirte
Con mi boca,
Tatuarte
De besos,
Tocarte el cielo
Entre tus cabellos,
gozarte las ganas
De pasión,
Gritarte en mis silencios
los gemidos de clímax
Totales,
donde tú respiración
Y la mía
Embriagan nuestro ser.

Que ganas de gozarte
Bajo esta lluvia
bajo esta noche
Donde mis ansias
Son solo tuyas
Y yo…..Yo solo
Tuya.

Muriendo

En pleno día
y yo muriendo de frio,
El fuego no alcanzó
Para el amor.

Fueron días de lluvias
Y lágrimas de sal,
Fueron voces
Que no se escucharon
Fueron caricias,
Que no llenaban
El alma
Y no alcanzó
Para el amor
Cuanto tiempo se
Se perdió.
¿Cuantos minutos
Tirados al mar?

Y yo….yo presa
Por tu mirar,
Sintiendo como el viento
rompe mis huesos,
Como tú indiferencia
Era tanto el deseo
Y tan poco amor.

Duele saber
Que mis manos
no tatuaron
mi amor……..
Mi sentir en ti,
Duele el haber recorrido en ti
cada milímetro
Y morir sin tenerte aquí.

Y yo

Y yo queriéndote tanto
Sintiendo como arden mis venas
En deseo por ti,
necesitando palpar tu cuerpo
Hacerte necesitarme solo a mi
Entre tus manos y tus piernas
Como lo hacen así mis ganas de ti.

Cuanta hambre mi cuerpo aclama,
cuanta sed de beber de ti
y mis manos....pensándote,
En silencios en mi habitación
Mientras guardo los gemidos
en mi.....solo en mi.

Mas mis sábanas no abrazan,
Mi cuerpo como lo hiciste algúndía tu
No encuentro como calmar esta lujuria
Que absorbe mi tiempo
en ti.

¿Como hacer mi sueño despierta?
Tenerte aquí....aquí junto a mí
¿Como dejar que mis manos alcancen
A deslizarse en ti?
Y comerte la boca a besos,
besarte el alma
Hasta que recuerdes como fue
Que era estar en mis brazos,
Y perderte lentamente, suavemente
Entre mi ser humedecido en deseo solo
de ti.

Ven! Sal del maldito olvido
que te tiene prisionero,
Arrebátame el deseo incontrolable de ti
Fúndete en uno, en mi
Gózame estas ganas
Este deseo
Esta pasión
Que solo ardo en ti.

Que yo.....Yo aquíestaré pensándote
Mientras despiertan los recuerdos,
Mientras tu alma divaga en la nada
Y no deja espacio ni tiempo
Para mí.

Por que se también que algún día,
serás mi volcán
y encenderé para ti el sol
Al despertar junto a ti,
Y el reflejo de mi cuerpo desnudo
Se refleje en tu mirar
y en esa hombría tan tuya de amar.

Lo olvidamos

Olvidamos escribir en nuestra historia
El FIN.

Y quedan tantas nostalgias
Extasiadas en deseos
De los momentos
Casi graciosos,
Casi eternos
De nuestros cuerpos
Juguetones en el amar.

Quedaron besos en mí
Que aún queman,
Que hacen arder mi sangre
Que me colman
Aun de pasión.

Quedan cantidades exageradas
De caricias robadas,
De esas que guardaba
Hasta lo más húmedo de tu ser
Y las que sutilmente me pedias
A gritos colmados de éxtasis
Y que en ellas hacías hasta lo imposible
por beber de tus humedades,
Mezcladas con las mías.

Sabes quedan por aquí y por allá
Miles de silenciados quejidos, música
indispensable
Entre tú y yo.

Quedan también en mi
Tu mirada tierna casi felina,
con ese toque de seducción
Ese toque tan tuyo,
Y guardo en mi recuerdo
La poesía…esa con la que me seducías
Tatuándola en mi piel
Con besos mordisqueados
Con sabor a miel.

Y atesoro esa forma tan tuya
Casi perfecta, si no es por que aun respiro
De dejarme el cielo
en mis pies.

Miradas

Y tu pasión….. ¿Dónde está?
Esas tus palabras de amor
Que llegaron a mi alma

¿Donde están?
Las caricias colmadas de ansias de poseerme
hasta en lo más profundo de mi sentir
¿Dónde están?

Esas miradas de perdición,
Que me hacían, presa fácil
Y seducían cada poro de mi
¿Dónde están?

Si no es en mis recuerdos
Esos que duelen
Que hieran,
Que van matando
Mis ganas de vivir.

Y te veo ahí postrada
Con tu imagen
Casi muerta….muerta.

¿Pero cómo olvidaste?

¿Cómo fue que mis caricias?
No te dicen que eres mía,
Que el solo sentirte mía
Era tocar el cielo
Entre tu alas,
¡El sentirte mía!
¡Mía!

Suspiros ahora incansables
donde tu mirada se pierde entre la mía
Y no encuentras en ella
Ni un rasgo de lo que fue,
Quedo aquía…quí frente a ti perdido en ti
frente a ti
Queriéndote a ti
Amándote a ti y solo a ti.

Acariciar el alma

Un amor fuera de lo ordinario
Se escribía en cada silencio,
Con lágrimas sobre su rostro
Era casi increíble verle ahí, sentada
Frente al mar,
Sin importar el frío aniquilante,
El calor sofocante,
La lluvia tormentosa,
Ella, siempre ahí.
Con el alma más que rota
El corazón latiendo sin parar,
Su alma tratando de escapar de tanto dolor
Con la mirada tan profundamente perdida
Hacia el horizonte sobre el mar
Así permanecía ella por horas
Hasta caer la noche
Y sus huellas empeñadas en dibujarse
Sobre la arena fría
Y el mar borrándolas tras de ella
Para no dejar indicios de sus largas estadías
Se le veia, como estatua de sal
Desapareciendo con el viento
Cuantos? Fuimos testigos mudos de ello
¿Quién? Deseo calmar su dolor
Era tan bella
Tan inmensamente bella
Y ese gran amor fuera de lo ordinario
Tratando cada instante de no olvidar
Lo que su alma sabe inolvidable
Esperando a su amado
Que no volverá
Sabiéndose presa de la eternidad..
Donde quizás y solo quizás lo vuelva a encontrar.

Dígale

DIGALE!!!!

Por favor dígale a él, que ha invadido mis
pensamientos

Que ha hecho de mí, otra persona

Y que solo basta escuchar su voz para
sentirme volar

Lo pienso, lo extraño como loca

Y que no sé lo que pasa en mi,

¿Porque será así?

¿Porque?
Confundo el cielo con el mar

El sol con la luna

Su mirada con la obscuridad

Su dulzura, Con amor

Su pasión con tequila, que se yo

Y sé que estoy más que confundida

Entre dos amores que llenan mis ganas de
vivir

Y si acaso lo hago sufrir con mi sentir,

Dígale que jamás lo imagine

Que todo se revolvió y solo deja la
sensación

De una herida cruel

Pero que lo necesito, que es difícil no
pensar en el

Que no puedo ni pensar pasar un día sin
escuchar su voz

Y sentir esta sensación
De mí ya desgarrado corazón.

Otoños

Y me gano el tiempo,
Y las noches se hicieron aún más eternas
Contemplando mis recuerdos,
En aquellas mañanas
Donde el sol acariciaba tu cara
Y yo celosa despertaba,
Al verte sonreír sin explicación.

Llegaron los otoños
Y me pintaron las canas
Mi piel empezó a marchitar
Y mi alma aún deseosa de amar.

Los minutos se hicieron horas
Y yo…… Yo aun buscando tu mirar,
Me trace un camino en tu cuerpo
Con tus ganas de mí.

Mis ansias se hacen eternas y
Y me llevan aún al cielo,
Donde aún nos aguarda
Aquel viejo invierno.

¡Me gano el tiempo!
Y yo pensándote con mis manos,
Mientras te observo ensimismado en el
recuerdo.

Te dibujo tiernamente con mis dedos
Mientras llega el final de mi tiempo,
Te dejo aquí tatuado entre mis senos,
En ese que le llaman corazón
Y en lo más húmedo de mi
Dejo tu pasión, tu fuego
Mi vigor aún por ti desde ti,
Para mi.

Y con el tiempo, añejo el vino
Se puso exquisito,
Y tu dulce néctar aún embriaga mi sentir,
Mas guardare un poco más de ti
Lo fermentare para embriagare de ti
En mis locos recuerdos,
En tus largos olvidos
Y brindare por las mañanas
En las noches de mil lunas
Quizás aún sin tiempo,
Quizás aún sin ti
O tu sin mi.

Sentirse

Mis nostalgias alocadas se entreguen
En mis ansias aún más locas
Y dejo volar mis suspiros
Despojándote de todo
Y sutilmente el empezar estaba ya ahí,
Y seguías besándome y acariciándome.

Me mirabas con lujuria,
Como animal en celo,
Reclamando a su hembra.

Besaste mi dorso mi espalda
Mi ombligo,
Queriendo abrir camino bebiéndote todo de mi
Comiéndome en deseos
Queriendo poseer mi alma.

Y yo......yo murmurándote
¡Que eres mío! Sólo mío.

¡Como te extrañe.....como te deseaba!!!

Y me dejaba caer entre el cielo infinito
Entre suspiros ahí suspendidos,
Y quise gritar que aquí estaba
Aún esperando en tu olvido,
Ese que cada día se apodera hasta de tu mirada.

Estas nostalgias ya me tienen cansada
Quisiera fueran lo que fueron
Y no quedarme aquí,
Con el rostro más entristecido
Con el alma como una roca sobre mí,
Con los deseos incontrolables
De tenerte.

Como volver hacer en el tiempo
Eternidades para mí,
Eternidades que ahora solo veo
Entre tus ojos con la mirada perdida
Entre tus olvidos.

Bajo mi mismo cielo

Bajo el mismo cielo, acaricio tu deseo
Y lo atrapo en mis suspiros
Esos que hacen del huracán,
Una llovizna en el mar
Donde albergo aquel deseo
Del encuentro entre tú y yo
Que juramos sería para recordar
En una eternidad.

Bajo un mismo cielo
Busco tu mirar,
Entre la noche y el día
O en el tiempo que yo soñé.

Busco y busco
Que mi piel empezó a marchitar
Dejando senderos
Donde quizás tú puedas aún llegar.

Mi pelo negro ahora se tiñe de plata,
Será que te quiere impresionar
Mis ojos aún brillan,
Para poderte aún reflejar
Espere por ti me decías
Lo escuche del mar,
Cuando le sonreías al sol
Que acariciaba tu frente
Con un largo beso
Que ya yo inerte
Te enviara para recordarte
Que siempre bajo un mismo cielo
Te buscare aún después de mi muerte.

Sin Un Siglo

Sin un sigilo de esperanza
mi vida quedo

Contemple noches grises
y lunas sin luz

Mire soles apagados
y corazones aún más desolados

Mire tus ojos tristes
sin brillo sin ti

Contemple la lluvia fría
caer sobre mi

Caminando mil y un caminos
que ya no me llevarán a ti

Quede estatua de sal
bañada de tanto llorar

Llorar y llorar
llorando mi llorar

Vi más allá de tus ojos

Más allá del amor

Vi la muerte viva
justo atrás de mi sentir

Cuantas cosas
cuanto sentir

Cuantas noches
y yo…..Yo ya sin ti.

Mientras tanto

Algún día, mientras el océano respire aún
más hondo sobre ti,
Y mis lunas recojan el tesoro de tus ojos,
Mi amor inmortalizara nuestro querer.

Mientras en mi mundo, eres el sol de mis
mañanas
Aunque algunas de ellas sean grises, las
contemplo de colores sempre en ti.

Y yo…yo
Por siempre, seré tu muchacha del pelo
caído revuelto por el viento,
Seré quien partió del mar, buscando lo
prohibido Por la sociedad,
Dejándote huella de mi
De mi piel perfumada de mujer,
Que la vida misma me obsequió.

Sobre la arena donde tantas veces se hizo
el amor,
Ese amor que tanto se comentó.
Mientras ofrecía mirarte bajo la noche
obscura y entonada por mi mar,
de sonrisas cubiertas de gemidos y olas
rompiendo en nuestros cuerpo desnudos
entre besos y abrazos sobre la espuma
dejando rastros por doquier de nuestro
querer
mientras el cielo se torne azul mi niño

Yo seré tu mujer!
la que con su ser te hace estremecer
y hace aullar a la luna, en el silencio de
una madrugada.

Ella

Ella suave brisa mar, de esa que alimenta
mi inspiración,
mi musa, mi rima,
mi poesía y mis versos.

Ella también era deseo,
locura pasión
y mi pecado favorito.

Creer morir cuando estoy tan cerca
de la vida,
en ese instante preciso
del clímax,
que me hace naufrago
en su pasión,
en su delirio,
en sus deseos,
en toda esa humedad, que emerge
sólo en ella,
en la profundidad de su entrepierna,
en el manantial de su boca,
en el abismo de su mirada.

Ella y su piel sobre mi piel
Y el estruendo inexplicable
de su corazón al estallar,
bajo el furor de la tormenta
donde yo aplacaba
mi único deseo Ella…..sólo ella.

Ella y su inexplicable deseo solo por mí,
no sépor qué diablos todo fue
y ya no es
porque aún la siento aquí junto a mi,
huelo en el viento su perfume
y este recuerdo me tiene preso
en ella y sólo ella.

De tu piel

Mis ansias de ver tu piel desnuda
Cual noche de luna plateada,
Tu cabello enredando entre hilos de plata
Y tus ojos reflejándome
hacen, en mi torbellinos de emociones
Sacudiéndome el alma.

Eres mi hombre
La fuerza, que me protege de mi misma
el que sabe bajar el cielo
A mis pies,
El que con sus manos su boca su piel
Sabe predicar que soy solo de él,
Que sin perder el equilibrio
Me hace olvidar el mundo entero
Sin perder yo mi identidad
Ni mi ser.

Amo, esa manera de seducir mi esencia
Y hacerme perder entre la tuya,
Amo y deseo solo ser tu único anhelo
y perderte a ti entre mis deseos.

Deseo ser la mujer
Que convierta tu más sucia fantasía
en candentes movimientos,
Donde mi ser y mi alma
Sean volcán sobre tu piel.

Quisiera despertar en el amanecer
De mis cortos días,
Sobre tus brazos
y hacer de ellos eternidades
solo tuyas y mías
donde nuestros besos
Sean la bebida para saciar esta sed
 ese amar que nos tiene entre deseos
Nostalgias anhelos y realidad.

Te prometo

Te prometo
Y mientras veamos el amanecer juntos,
Amarte cada anochecer un poco más
Saciar tu hambre de mi,
Mientras yo bebo solo de ti.

Prometo acariciarte con mis besos
Tocarte con mi alma,
Guardarte en mi ser
Tatuarte en mi corazón,
Para que solo en mi
Estés solo tú.

Que no quede espacio, para filtrar otras
miradas
Que puedan hacer pecar en pensamiento,
Que no quede un minuto,
Sin escuchar tus te amos en silencio,
y mis latidos que son por tu amor.

Si cada amanecer los vemos juntos....
Quémás da si el sol no desea salir,
alargare la noche en pasión,
juntare toda tu respiración agitada,
por las largas jornadas de hacernos el amor
los haré mi música,
Para deleitarme en ansias, aún más locas
por ti
y esperare un instante en el día,
y te haré mío otra vez.

Y si la tarde cae
y tú no estás prometo
Sin equivocarme, que te gozare en tu
ausencia
y dibujare tu rostro en la nada

Caminare por la playa
De tus pensamientos
Haciéndome tuya en tus recuerdos
En los fantasmas de un ayer
en los presente que vivo
y en los que viviré.

Y al caer la noche, caminaras presuroso a
mi encuentro,
mientras yo espero ansiosa por ti
contemplando tu silueta, en la obscuridad
mientras se apodera de mi, las ganas aún
más por ti.

Te prometo amor mio,
despertar junto a ti cada mañana
en un nuevo amanecer
en el que te volveré a amar
cada vez más por la eternidad.

Lo que fue

Como silenciar estas noches
Que me hablan, una y otra vez de ti,
Como decirle que tú ya no estás aquí,

Que no hay caricias fugases, que me hagan
estremecer
Como lo hacías tú,
En los momentos que ansioso de mi, me
buscabas
Entre la gente ,
Tomándome entre tu brazos
Y haciéndome tuya,
Con esos besos alcoholizantes que yo
degustaba con sumo placer.

¿Ah cómo hacer?
Para callar estas ansias locas
Que no me hablen más de ti.

Que muero en deseo ahora mismo por ti,
Que no hay célula de ti,
Que no quisiera besar
Eh incendiarte hasta derretir,
Esa frialdad que ahora te ahoga,
Que dentro de ti.

Solo lo que fue, olas hay de olvido
Pensé una y otra vez,
Sumergirme en tus placeres
Más inquietantes,
Convertirme en tu amante ,
Derramarme en ti,
Ser tu océano en sequía ,
Ser tu mujer sin límites
Ser más que un sueño
Ser toda tuya como un día lo fui .

¿Como decirle a esa noche?
Que ahora cae sobre mí que estoy aquí,
En desvelo, por tu recuerdo
Y escuchándole pregonar nuestro amor
Ese, del que tanto se habló
Y hoy……..hoy solo quedan
Las sensaciones en ocasiones fugases de
estar aun en mí y yo en ti,
Nutriendo con nuestro amor
Mi alma aun enamorada.

Un viaje sin fin

Hoy retomare mi viaje por el valle de tu
vientre
Besando cada célula de tu tersa piel,
Escalare, hacia el norte de las cúspides de
tus montañas
Y amamantare de ellas, el hambre de ti.

Seguiré mi viaje por la ondana, de tu
maravilloso cuello
Llegando a beber de tu boca, el dulce licor
de miel.
Besare, una y otra vez tus estrellas obscuras
tus ojos que me llevan a tu alma

Me hundiré, en el negro de tu cabello
Y jugare con él entre mis dedos,
Rodeándote hasta llegar a tu perfumada
nuca
Mientras mi boca, se deslizara
En tu hermosa espalda, en un largo
camino
A las montañas del sur,
Tan infinitamente bellas.

Ahí calmare, de nuevo mi sed
Y beberé en el profundo manantial de
dulce sabor a ti,
En un éxtasis de placer y lujuria
Combinadas con el mío.

Caminare entre caricias y besos en lo largo
de tus hermosas piernas,
sin dejar nada sin mí.
Besare tus pies con dulzura para rodearte
Y dar la vuelta hacia el norte de tus piernas.

Me instalare por largos periodos
En la cálida y majestuosa vulva,
Que espera por mi ansiosa en deseo
Y te poseeré!…Te tomare entre mis
brazos
Y gemiremos como animales en celo,
Como la tierra en erupción
Y entre susurros, se escucharan te amos
salidos de nuestras almas,
Mas cuando hayamos tocado el cielo
Volveré a tu vientre amada mía,
A descansar por un instante
Para retomare mi viaje en ti….. En un
viaje sin fin.

Eh llorado tanto

Tanto eh llorado
tanto…..tanto
que he llenado océanos de sal,
desiertos de lágrimas
y mi alma en dolor.

Arrebatándome, el arte de vivir
el deseo de callar, el deseo gritar al infinito
¿Por qué fue así?
¿Como es que tu ser
me olvido?

¿Cómo?
¿Cómo? si la primavera, siempre precede
al verano y este al otoño,
y a su vez al invierno,
¿entonces cómo fue?
que tu alma me borro,
y ahora ni siquiera mi nombre recuerdas.

¡No!! ¡ ¡No!!
La vida, no puede continuar así.

Jamás, debió ser así,
si aún tengo tu olo, r en mis sábanas,
ese calorcito, que sólo Tu sabias
brindarme,
y ahora no soy digna de ti.

Necesito sentir
que eres tú, para mí
que los recuerdos volverán,
que mis ojos reconocerás,
que mis labios besarás
y en mi cuerpo
mil caminos, recorrerás
como un día fue.

Ahhhhhhhh! ¡Maldito olvido!
¡Maldito el tiempo!
y maldito saber que no significo
nada para ti ,
no se vale, no es justo
sacarme de la vida así
si yo yo aún muero por ti

Y seguiré aquí ,
esperando ese día
en que vuelvas a mí
en ese instante,
que mis ojos te miren sonreír
al verme frente a ti.

Tarde

Llega la tarde ya
y el sol, se ocultara
para ceder paso a la noche
y la luna cresiente.

Mis manos empiezan a temblar
al igual que crecen, mis ansias por ti
y yo…..yo no sé qué hacer para no sentir
esta sensación de estasis,
que acelera mi corazón
y hace en mi presa fácil.

Trato de hundirme, en mis pensamientos
mientras el mar acaricia mis pies,
y ciento, gran necesidad de ti
de besarte y hacerte sentir vivir
en mí.

De qué sientas como mis manos, trazan
sobre tu piel mil caminos a un edén,
como mi boca tatúa en ti
mil te quieros sin mentir,
como mi cuerpo tiembla de pasión
como inundo océanos ya llenos de ti,
como recorro palmo a palmo cada poro
de ti
para perderme justo en tu mirar.

Y esa sonrisita tuya tan peculiar
Ahhhhh veo las estrellas asomar ya
y a lo lejos una figura muy particular,
se mezcla entre la noche la bruma y el mar
te conozco tan bien esa forma tuya de
caminar.

Y corro a ti, el mar frío esta
y empapada de sal
caemos, en un abrazo fundiéndonos
en un solo ser
Te beso me besas,
ríes y sonrió
me acaricias el alma,
y yo……..yo viviendo
una vez más este amor,
esta sensación de no desear olvidar.

Recordando

¿Como escribir esas historias?
donde las nostalgias me abrazan,
donde la soledad, me hace prisionera
donde el llanto incontrolable
hace añicos mi alma,
pudriendome en dolor.

Aún puedo percibir en el aire,
el olor a ti
ese, que embriagaba mis sentidos
volviéndome loca,
haciendo que pintara mi mundo
de colores.

Recordando, estaba sin querer
y mis manos ansiosas te buscaban en la
nada
mientras mi cuerpo, se estremecía en deseo
sólo de ti… ya estaban ahí presentes.

Y la humedad entre mis piernas se hacía
sentir
eran ansias, ¡lo se!
Esa gran necesidad de ti
de ser nuevamente amada
y poseída por ti,
sólo de ti.

Grite, hacia mis adentros
ahogando todo vestigio de ti, de mí
de hacerme revivir, lo que algún día fue.

¡Más de pronto miserable soledad!
me hizo recordar también,
que estaba sola, más sola que nunca,
hundida en melancolías
en océanos de ellas.

¡Maldito el tiempo!
¡Maldito!!
Como has jugado cruelmente conmigo,
con todo lo que soy
y me dejas ahora con este tiempo,
que es ¡Mío! ¡Mío!
en qué ya no se, ni quien soy
bajo mis ropas,
y mucho menos sé,
si esto acabara alguna vez,
en otra soledad invernal en mi alma.

La amante

Soy, la cara de la amante
la que debe callar
lo que siente.

La amante que sangra,
cuando te llaman amor.

La que voltea la mirada,
para ocultar su dolor.

Soy la Amante,
la que llaman la ¡Otra!

La que espera un espacio

La que se queda esperando

Soy…. Si soy la Otra

Pero, como hacer entender
que la vida se me va
cuando tu no estas,
que muero de celos
cuando estas con ella,
que imagina noches
de pasión interminables,
que ansía pasar la vida entera
junto a ti.

Si soy la Otra
a la que juzgan sin saber
a la que niegas por ahí,
a la que dices, no conoce.

¿De que se me acusa,
de amarte,
de pensarte,
de añorarte,
de ser tu esclava?

Soy tu amante
la que no puede gritarlo,
La que debe verte,
de la mano con ella,
la que muere, al esperar tu llamada,
la que suplica un poco de amor,
por que soy tu amante…… Tu amante.

Y te amé

Y te amé,
te amé con loca pasión,
de esas que no suelen olvidarse
porque quedan tatuadas en la piel.

Te amé ¡Si cuanto te amé!

Sabes, aún conservo
ese olor de ti,
ese que embriagaba mi ser
haciéndome de ti,
tu esclava, tu mujer.

Fui y sere, viajera en tus brazos
fui vela de tu Barca,
en la que recorrías
un sendero al edén,
sellando mis poros
con besos sabor a miel.

Delimitabas cada polo de mi cuerpo
en la nada,
con caricias, incendiadas de pasión
lo recuerdo bien
fui pincel,
fui pintura de tu querer.

Fui por años, ese mapa
donde buscabas
mi volcán
mi amor.

Te ame….. Cuanto te ame
y con una sonrisa en mi rostro,
vestigio fiel de nuestro querer
sé que amo el recuerdo,
de cientos de recuerdos
de silencios ahogados
en te quieros

¡Si sé que eran sólo para mí!
y por ello te amé,
te amé con todo mi ser,
en la alborada, de un amanecer
y en las penumbras de la noche,
yo igual te amé.

Ladrona

Y me robe tus silencios
esos que calaban hasta los huesos,
que se escuchaban
en tu mirada ensombrecida, por el dolor
esa que hacia llorar a cualquiera.

Me los robe...... si me los robe,
eh hice de llanto alegría,
de lágrimas,
perfume de abril,
de melancólicas noches,
en inolvidables realidades
de amaneceres desolados,
en sublimes abrazos entretejidos
entre tú y yo.

Si me robe tus silencios
los volví gemidos de pasión
esos que sólo un lobo en selo
sabe reconocer,
donde te llamaba en mi alma
una vez más.

Me robe toda tristeza
la tomé y la arroje al mar de mi amor
la convertí en alegrías para ti
inundándote el alma misma de mi.

¿Y me dices ladrona?
¡Si llámame ladrona!
por qué también robare tus besos,
para saciar la sed de ti,
robare tus caricias
y las mezclare con las mías
las volveré, volcán en erupción
pintura inconfundible, de mi hambre de ti.

Y por si acaso piensas esto es todo
ni sueñes cariño,
soy ladrona de sueños,
de deseos voraces,
de nostalgias baratas,
de orgasmos de amor,
del sabor inconfundible,
de tu virilidad.

Soy también, un sueño
hecho realidad,
mujer que sabe amar,
que sabe ser mujer,
que sabe ser todo para ti y en ti.

Soy mulata enamorada
soy pasión viva,
soy ladrona de tu querer,
soy la que te robo tus silencios,
y te hace estremecer.

Como pedirle al viento

Como pedirle al viento
que te olvide,
que deje atrás tu perfume,
que deje atrás
el tiempo en que te amé
por primera vez.

Como decirle que olvide
que le grite a los cuatro vientos
que te necesitaba,
que moría por tus besos,
por tu caricias,
por todo tu.

Y hoy, con una secreta esperanza,
de un olvido repentino
quiero borrarte de mí,
quiero sacar estas caricias
que aún arden en mi piel,
quiero quitar de mis labios,
ese dulce licor que he bebido de ti.

Pero este viento no me escucha,
no se apiada de mi,
me envuelve en perfume transformados
en sentimiento encontrados,
entre te amo y no lo hago.

Y aunque mi alma suplica olvidos
mi cuerpo te desea fervientemente,
y no se sí quiero apaciguar estos
sentimientos,
pues sólo ellos me dan la vida,
mis emociones, no paralizan
me hacen capaz de enloquecer
de pedirle al viento,
de rogarle al tiempo
de suplicarle a la vida,
un poquito de amor
de esas rosas de abril,
de la briza del mar,
de vivir con o sin ti.

Yo le pido al viento
sólo el olvido que me de un poco de paz.

Rasga mi alma

Ya soy un alma sin tiempo,
que camina aún más lento
sin mesura ni cordura,
¿y para qué tenerlas?
Si no hay tiempo.

Por pensar, que eras tú mía
dulce amor de mi vida
entregue a tus brazos inocentes,
mis noches y mis días
mis muchas alegrías.

También te entregue
procurando protegerte,
el alma misma.

Te enseñe, a dar tus primeros pasos
a llamarme como tu corazón quiso
apodarme Mama' ¡ me llamaste Mama'!

Y ahora mi serena figura,
de sonrisas contagiante,
rasga en la oscuridad
de dolor….y sangro a ríos
de lágrimas ahora sin control.

¿Cómo pudo el maldito tiempo?
Ser tan cruel
¿por qué?
si bendecía mis mañanas,
por qué te sabía ahí junto a mí,
con la música de tu voz, llamándome.

Y ahora con mi mirada perdida
en la nada,
ya no puedo cantarle al viento,
mi voz se cortó,
ya no puedo recoger los pétalos
de tus besos en mis mejillas,
ni alcanzo a percibir tu perfume,
mi niña amada,
ni siquiera el sol de un amanecer alcanza
entre tus cabellos.

Por que te perdi!
¡Por ese maldito tiempo!
Con sus espinas en ausencias,
me están calando el alma.
Y mis huesos ya empezaron a envejecer,
también, sienten dolor
también abandone los días, de sonrisas,
por qué duelen.

Y aprovecho los rincones de casa,
esos que abarcan cada espacio,
y los tomo para morir en soledad
abandonada quedamos ,
la casa y yo sin ilusiones
quedamos sin nada
y mi solo corazón roto
suplicando poder volver a verte,
mientras escribo con sangre
lo que mi alma grita,
lo que mi alma sufre,
por tu adiós.

Lamento

Los lamentos ahogan mis sentidos
ya no puedo ni sentirte,
pues no recuerdo el sabor a ti,
ese que dices me embriagaba
que hacía de mi esclava
sólo de ti.

No recuerdo el color de tu mirada
la cual insistes era mi luz,
mi esperanza,
no percibo, el olor de tu piel
que dices me volvía loca.

No recuerdo tampoco,
esos besos que recorrían mi cuerpo,
en busca de placer,
que dices fueron
caminos al edén,
ni siquiera veo en mi cuerpo
esos tatuajes en caricias ávidas
de ti en mí….. No no las veo,
no las siento.

No las recuerdo, ¿Será que me confundes
con otra mujer?
porque no recuerdo nada,
de lo que según tu, paso
y viví a tu lado.

Irónico, es que no recuerde
dices tú,
con la voz entrecortada
con la mirada llorosa
y adviertes que recordare
y que será tarde.

Tantas preguntas sin contestar,
tantas respuestas, heladas para ti,
tantas nostalgias se ven en ti
de algo que no recuerdo si viví,
quizás la vida se empeñó a olvidarte,
que borró, cada recuerdo de ti

en mí,
para qué no penara como penas ahora tú,
la única incógnita en mi, es ¿Porque vienes
a que te perdone? Si yo………yo no te
recuerdo,
no ciento nada por ti, nada.

Nada, me dice tu mirada
ni tu voz,
ni tu andar…

¡Ve sigue tu camino!
deja atrás esos recuerdos,
que según tu viviste a mi lado ,
yo no seré tu amor, no
no te haré tocar nunca más el cielo
entre mis brazos,
no tatuare besos en tu piel,
no beberé de tus labios,
no soñare despierta entre tus ojos,
no recorreré ni un camino
hacia el edén.

No…… ¡No lo haré¡
por qué tu nombre, tampoco me dice nada
por qué eres ……eres nada para mí,
no te recuerdo,
no sé porque me pides perdón
No lo sé….No lose!……

Me vestiré

Hoy me vestiré
de tus besos de seda
y adornare mi pelo
con tus caricias,
mientras los suspiros
me envuelven en tu perfume.

Hoy la noche callada terminara,
pondré la música embriagante
de nuestros latidos,
acompañados de algunos gemidos
brotados de ti y de mi.

Hoy bajo la luna llena
mis ansias serán calmadas
entre tus brazos,
mientras en mi cuerpo,
te perderás y me amaras.

Hoy seré, tu mujer,
tu esclava,
tu loba hambrienta,
la que gustosa se viste de ti,
sólo de ti.

Hoy mis labios te recorrerán,
invadiré cada célula de ti,
de mí
y haré que la noche sea una eternidad
en un sueño que haremos realidad.

Mi ropa caerá
para vestirme de ti,
hoy seré tu musa,
en la que escribirás
versos y poemas,
sin métrica,
sin regla ,
sólo escritas sobre mi piel.

Hoy seré tu poeta también,
o quizás, tu pintura
de trazos indefinidos,
donde sólo se observa
la pasión que brota en mí
por ti.

Hoy, entre tantos lienzos
te pensare,
te poseeré,
te gozare,
te amare.

Hoy te esperare
te esperare…Para ser como siempre tu
mujer.

Dime

Pareciera ser
que me perdí,
entre tantos te quiero
y en tu bella sonrisa
que me invitaba a ser feliz.

Pareciera que era extraño
que cambie un mañana
casi sin sentido,
e imaginaba,
largos amaneceres
entre tú y yo.

Quizás fue demasiada tu espera,
que olvidaste tu promesa
de vivir sólo para mi.
¿Y ahora?
¿Que hago yo?
con los recuerdos de tu voz,
con las poesías escritas
para mí.

¿Que hago?
con los versos sobre mi piel,
que escribías, tan sólo al verme
al poseerme.

¿Que hago yo?

¡Dime!!!!

Fueron tantas cosas
las que me hicieron soñar,
en suspiros leídos, en prosas,
en letras silenciosas,
en tantas incógnitas,
en mi alma quedarán.

Porque fueron y sólo fueron
porque ya no serán.

No más ansias contenidas
más deseos de volar,
de cruzar distancias,
que no me llevarán a ningún lugar

Sé también
que mi corazón sanara,
como lo hiso algún día,
seguiré mi camino
no…..no me detendré.

Y aunque no fuiste
el amor de mi vida,
Te Quiero y te querré,
aunque estemos destinados
a no ser,
aunque duele admitir
que de ti
yo me enamore.

Entre tus besos

Sumergida en un laberinto
de ansias locas,
donde mi silencio grita
que quiero ser tu amante,
tu ilusión me transporta
a la noche callada,
que urge gemidos
para no morir
siendo nada.

Y la luna que al brillar
adorna tu cabello,
hace ver tu silueta,
de la que estoy perdidamente
enamorada.

Quiero ser tu amante
la que te espera, en sus sueños,
la que te provoca,
el hambre de amar.

Si quiero ser tu amante,
dormirme entre tus brazos
y saborearme los deseos
de este amor,
y tus locas ansias
de vivir dentro de mí.

Más en cada momento
en qué te deseo,
te busco en el tiempo,
galopando en las distancias
que acortan mis sueños.

Vuela amor mío,
que espero ser nuevamente
tu amante.

Fundamos nuestros cuerpos
en nuestra pasión por el amor,
amémonos hasta ser uno sólo,
en dos cuerpos
yo en ti.

Y tú en mis adentros,
con mis húmedos labios
destrozados por besarnos.

Ven que cae la noche
y mis sábanas tibias están
en tu espera amor mío,
que sé, has de llegar.

Mis historias

Quedan historias por escribir
entre mis brazos,
esas, que prometimos entre la playa
el tinto tu y yo.

Fueron tantas las esperanzas
que se ahogaron en mi océano,
de melancólicas confecciones
de amor.

Fuiste tú Quijote quien desvelo,
mis sueños entre poéticas palabras
de amor.

Fuiste Tú, quien enamoro
mis emociones
y las poseyó a su antojo,
y ahora entre gigantes molinos
de pasión desbordas en otros labios
que un día me regalaste a mi,
buscas, esos besos húmedos en la distancias
de caminos infinitos,
entre tú y yo
de caricias furtivas,
de ansias locas,
de sólo de ti y de mi.

Quedo pues plasmada
en la arena nuetras siluetas
en espera del viento, el olvido
que llegue a mí
y borre cada poro de mi piel
marcado por ti,
en mi.

Quijote ve y pelea tus batallas
que yo quedare aquí sentada
frente a mi mar
hasta qué te pueda olvidar
tocando mi guitarra, bebiendo un tintito
fumandome tu puro y escribiendo
lo que algún día yo prometí

Versos cortos

¿Y ahora qué?
¡Dime!
ya ccho de menos al viento,
y el sonido enigmático de las olas,
el abrazo cálido del agua de mar,
ese donde tú me cubrías
entre tus brazos,
el tintito ya se calentó
de esperar
el papel voló en ese viento
que también se llevó absolutamente
todos mis sueños
de una vida junto a ti.

Y yo… yo no me he ido aún
sigo aquí esperando, no sé qué
y a punto de perder la calma,
Ya instalada en ansias locas
en mi garganta, el silencio tomado
en busca de miel entre labios
que no me sepan a hiel.

Más la calma es mi deseo,
como lo fue alguna vez el viento
ese que depositaba algunos versos
enviados en la distancia de algunos sueños,
donde gustoso me tomabas
entre pasiones y deseos,
entre sábanas de seda
y mis labios de carmín.

Los caminos se cerraron
las nubes bloquearon mi mirar,
y el mar silenció tu sonrisa,
desconsuelos en nuestra piel
y un murmullo gritándome
que no te fuiste,
que has de volver
entre canciones, poemas
y versos cortos,
entre lucha de gigantes molinos,
en tormentas de mar en calma
entre noches de abril y mi piel.

Y aquí pues me quedare
esperando por ti,
pondré más Tintos a enfriar,
más tinta, a el tintero
Y mis manos, para que puedas escribir
un último verso,
antes de morir
aquí esperare junto a mi mar,
donde prometimos nuestra reunión,
donde mi corazón aún aguardara por ti
en las noches claras de abril.

Vivir

Me toca revivir
mis miedos
en mis olvidos,
me toca gritarte en silencio
que te amé aún más
que a mi propia vida.

Que quise ser el cielo
de tus mañanas,
las que gustoso esperabas
mientras nos hacíamos el amor.

Quise ser la loca, poeta, enamorada,
la que con sus letras te enamorara,
mientras escribía sobre tu piel.

Quise besarte todo,
hasta comerte los labios
y degustarme tu alma,
complacida ya por mi amor,
quise tantas cosas de ti
y para ti,
que el tiempo se acorto
entre los caminos,
sin llevarme a ningún destino.

Pues tu…Tu dulce amor
no sentías mis caricias,
Ingenua yo… ¿Verdad?
que no quise ver, que no me amabas,
que tu solo tenías miedo
ala soledad, huías de ella en cualquier
dirección.

Tonta de mí,
yo que quise poner el cielo
a tus pies,
bajarte estrellas, para alumbrar
tú andar,
bañarte, con caricias el alma
cobijarte, entre mis brazos
para qué no pasarás frío,
dibujarte, una vida de colores
sólo para ti,
el aire que respiras
de gardenias y mar perfumaria.

Más nada es suficiente, cuando no se ama,
nada
Nada….
Dejare atrás los te quise,
buscare mi propia libertad,
tratare de olvidar,
olvidare tu mirar,
y esa forma tan cruel de caminar
sin mirar siquiera
que era yo quien te acompañaba
en tu soledad.

Tonta de mí que quise
ser tu único querer.

Mientras eres mío

¿Cómo llenarme de ti
si atas mis sentimientos
en tus ausencias?

¿Cómo tenerme a secas?
Quererme apenas,
y olvidarme en llanto,
mientras te observo
aún en mis sueños,
en las noches de silencios.

Necesito menos dudas,
más palabras, vertidas al alma
de esas que suelen llegar
en una mañana de frío.

Dejare más ansias de ese beso
en caricia más anhelada

¡Como gritan mis silencios!
pidiendo de nuevo, un momento eterno,
de esos que terminan en un suspiro,
si tú me miras.

¡Un momento!
Nadamás…..de tu piel sobre la mía.

Mientras acaricio perpetuamente, con mis
labios
tu pecho
y me sumergo entré tus piernas
para llenarme de ti,
antes de que marches
y dejar en ti,
miles de recuerdos.

Y para no ser olvidados
entre mis húmedos labios,
te cantare una vez más
que tú eres para mi,
y yo para ti.

Con mis dedos escribiré
sobre tu cuerpo, la poesía más bella jamás
escritas en tu piel, mientras eres mío .

Y cuando te posea, cabalgare sobre ti
como experta amazona,
hasta llenarme de ti
en lo más profundo de mi ser.

¿Como quererme poco?
Si te quiero mucho,
dicen por ahí.

¿Como me llenare de ti?
si aún te siento mío,
más en tus largas ausencias
se te ve, el olvido
y me preguntas ¿Quien soy yo?
soy yo amor, la que despierta en t,
cada mañana a ese lobo hambriento,
y acallo tu boca
con mis besos
y te dejas amar por mi.
Aunque más tardes vuelvas a preguntar
¿Quién Soy yo?…..

Anochecer

Anochece ya,
y mis ansias que gritan
entres desnudo a mis sueños,
que el erotismo es mucho más
en mi imaginación.

Te haré el amor
hasta sentir el universo suspirar,
por un poco más
mientras tú, seduces mi alma
y soy totalmente tuya
entre la noche, tus brazos,
el mar,
tu piel y mi piel.

Sedúceme, donde amar es una perdición
donde mis cabellos, se enredan
entre tus dedos,
donde toda yo se humedece,
donde mi voz es acallada
por tu boca.

Y conteniendo mi respiración
seré tu loba, aaauuuuuuuuuuu
esa que se rinde ante su macho,
Seré loca poeta escribiendo,
mil versos que hablen de amor,
sobre tu piel,
y tú serás mi libro, abierto,
en blanco,
para qué con la tinta de mis labios
siga escribiendo sobre ti,
mientras entre líneas cabalgándote
seré una hembra hambrienta
de ti…….sólo de ti.

Y ya justo en el éxtasis, tu y yo
locos autores de ocasión
sellaremos con la firma de nuestras
miradas
el final sin escribir,
esperando ansiosos la nueva noche
en la cual te seguiré esperando desnuda,
para entrar a mis sueños,
donde te espero para hacerte mío
una vez más.

Amiga mía

Amiga quiero confesarte algo
sé qué tu no sientes nada, por mí
que tus amaneceres, lo pasas con el
recostados sobre tu lecho
dejándose acariciar por el sol.

Pero ciertas noches,
en la soledad de mi habitación,
tengo en mi piel
ciertas ansias de ti,
e imagino que llegas a mí,
con sólo tu larga cabellera
cubriéndote la piel.

Y yo…. Yo temeroso de que seas un sueño
de qué descubras en mí mirar,
lo que yo te amo y te deseo
me roba la cordura, que no eres para mi,
pero te hago mia ….solo mia.

Amiga mía, la soledad mata,
envenena la razón
y atrapa entre sus redes, a mi desconsolado
corazón.

Amiga mía
déjame decirte,
que mi viejo sofá
cansado esta de verme llorar,
de sentirme, entre el
solo añorándote aquí,
junto a mi.

Amiga sé que eres feliz con é,
pues cuando alcanzo a vislumbrarte
en el camino,
se ve un hermoso brillo
en tu mirar, pues vas de la mano de EL
y yo… Yo no soy más, que tu simple
enamorado,
ese que te llama amiga ,
y que sus ojos gritan te amo,
más tu tu no los alcanzas a escuchar, pues
enamorada de el estas, y yo… Yo solo
en ti no dejo de pensar, con mis manos,
con mis ojos al andar y con mi alma al
despertar.

Cuéntame

Hoy ven tómame despacio,
cúbreme de amor
miénteme, que no puedo más
con tanto dolor.

Quiero beber de tus labios
ese dulce licor,
en los que embriagamos mil deseos
siempre pensando, era amor.

Miénteme, que cerraré mis ojos
ala verdad,
pensaré que la noche fría,
es esa de abril
en la que yo moríaentre tus brazos
al hacernos el amor.

Apagare la luz
para amarte una vez más,
silenciare al silencio,
cuando me escuche gritar
que te amo, que no puedo más.

Ven miénteme que te creeré,
que tú me quieres, como yo a ti
tómame lentamente, suavemente
que te deseo amar,
entre mis brazos se ocultarala esperanza
de una cruel verdad.

No no me amas y eso lose
fui solo un juego,
de esos que aún llaman amor.

Ven miénteme,
tómame por última vez
que se acaba la noche,
y mi ilusión de ti
en esta noche de final de abril.

Dedícame

Ven Sedúceme en la noche callada
que sólo tú y yo seamos los testigos,
que no invada el silencio mi cuerpo
que el deseo es mucho y el tiempo poco
y no hay consuelo, para este duelo.

Ven, te tomare entre mis manos,
te pintare las ansias
de loca pasión por mí.

Ven, no pierdas más tiempo,
recorre los caminos de mi edén,
sube la cúspide de mis montañas ergidas,
devórame sin medidas.

Ven que aún no amanece
calma esta sensación de ti,
mira como mi cuerpo te llama,
tendido desnudo para ti.

Loca será nuestra noche,
loca de tanta pasión,
sobre tu pecho, mi rostro
y mi corazón sin más dolor.

Ven que sólo te quiero amar
como un día yo te amé,
en los días de abril, junto a flores de jazmin
y el olor de la mañana, junto ala playa.

Comiéndome el alma

Siento como abrazo la soledad,
que me envuelve y ríe a carcajadas,
dejando al silencio mudo
y mi respiración agotada.

Me cuesta recordar mi sonrisa
cada momento a tu lado
y mis ojos cada vez más tristes,
a esa imagen mirando.

Y desgarro los recuerdos
me trago el alma,
araño las mañanas
en las que te sentía sobre mi cama.

¡Maldito el tiempo!
¡Maldita soledad!
¡Maldita yo!
por amarte así.

Me arriesgue a todo y nada
a blanco y negro
y aquí me tienes,
aun mirando por la ventana
esperando, lo que no llegara.

Más la solución es el maldito tiempo
jajaja ¡Te maldigo aún más!
por qué eres mi tiempo,
el tiempo que término
con mi amor.

Soy causante de un destino
y difícil es el dilema,
que alguna vez nos unió.

Más segura tenía la respuesta
no puedo quedarme en solo gris
con un te quiero, en mis labios,
un calor en mis brazos,
un tatuaje, de tu piel sobre la mía
y un alma por comer.

Más las cosas estaban claras
y mis ilusiones diluidas en el mar,
ahora……..ahora es tiempo
del maldito tiempo
hacer de mí su mujer….

Seré

Voy a seducirte el alma
despacito, poco a poco,
me mirare en tus ojos felinos,
rosare tu espalda,
caminare sigilosa a tu lado,
perfumándote, con mi esencia.

Escucharás mi latir
como suave música, de esas de abril
donde los pajarillos cantan
y las rosas entonan una dulce canción de
amor.

Besare tus mejillas al saludar,
para qué sientas mi calor, y te embriages
de mi perfume.

Pintare sonrisas
en los suspiros,
cortare poemas de amor
regare versos a los vientos
y mis ansias te inundarán.

Seré gaviota en vuelo,
acompañándote sobre la mar,

Seré estrella fugaz,
para contigo en un deseo estar.

Seré río de agua dulce
donde sacies tu sed de mi.

Seré loba en celo
tras su macho.

Seré, mil cielos en blanco
para qué me puedas colorear.

Seré único deseo
que sobré tu piel querrás
seré y te poseeré
mi amante fiel.

Seré quien te coma el alma
pero te enseñe amar despacito,
suavemente,
tiernamente, sin qué me desees, nunca
olvidar.

Te voy a amar

Y desde ya, te digo
no va a ser fácil que me olvides
advertido estas
pues los besos que daré,
serán tatuados como huellas
de mi sentir.

Cada noche te prometo,
por qué lo haré,
bajare mil estrellas
sobre tu cama perfumada
para adornar, tu cabello.

Recorreré cientos de senderos,
para encontrarme entre tus piernas
y galoparte como experta amazona,
Y así desde otro punto más
volverte mío……sólo mío.

Seré siempre, manantial de agua clara
donde saciaras y te inundarás,
sólo de mí,
de mis ansias por ti.

Te daré mil y un motivos para sonreír
tenlo por seguro,
para qué tu sola presencia
ilumine mis días,
y yo por las noches
avive tu fuego.

Te regalare algunos suspiros
de esos que el viento atrapa,
para qué cuando estemos lejos
sólo me pienses y vengas
de nuevo a mi.

Quizás también, te obsequie
un poco más de tiempo,
de esos que no suelen acabar
sobre mi pecho.

¡Pero te advierto!
No seré jamás
fácil de olvidar,
puesto que nadie te amara
con esta loca pasión.

Y sobre todo
que sólo tu, podrás leer
sobre mi piel, esa poesía llamada amor,
por qué solo en ti suelo escribir,
desde el día en que te conocí
y que rocé tu piel, descubriendo
el deseo de amarte.

¡Advertido estas amor!

Si te atreves, no habrá vuelta atrás
será, amarnos día a día
hasta la eternidad.

Agradecerle a la Luna

Ve y agradece a la luna
el que te haya olvidado,
que mi piel, no recuerde
el dolor de tus besos acumulados.

Agradece pues a la luna
que no siento, ni reclamo,
que la vida se encargó,
de borrar tu engaño,
eso que según tú y yo amamos.

Deja ya de llorar,
que para mí, son sólo lágrimas de sal
junto a tu desdén y engaño,
Más termine por perdonar.

¡Sí! Perdonar, aunque ¡tú no!
Jajaja si te dijera que yo llene,
océanos en sequía,
con mi llanto
y tu…tu no lo creírías.

Más las nubes se encargaron, de vaciar
a mi odiosa soledad,
entre tantos cielos grises
que yo intentaba navegar.

Mas te digo, te confieso,
llego alguien, a quien volver a amar,
Es estrella en el firmamento
de esas raras de encontrar,
hace de mis días su luz
y de mis noches, fuego
de pasión.

Por eso, agradece a la luna
que yo no te pueda ya amar,
pues mi amor que es tan puro
tu no sabrías cuidar.

Ve pues a aullar a la luna
y deja que mi paso
siga firme al andar,
ya no hay más senderos
que te puedan llegar a amar.

Agradecea la Luna
que yo si se amar.

Diséñame entre tus dedos

Deja sólo un momento
al miedo,
que soy moldeable a tus deseos

Diséñame, completamente
entre el licor de tus besos,
colorea, cada poro de mi piel
entre tus caricias,
dibújame, entre suspiros del alma,
hazme a tu antojo.

Que te seduciré
tan lentamente, que no tendrás opción
¡me amaras!
como quien ama sin medida.

Por qué te amo,
te tomare para mi,
eres tu mi pasión viva,
amor puro, luz de mi andar.

Y confundiendo mis verbos,
entre tu mirar te haré mío! sólo mío
te sentiré, te poseeré
entre mi piel y mi alma
tenlo por seguro,
porque soy moldeable a ti
porque mi cuerpo encaja
al tuyo,
porque mi boca,
sólo se sacia con la tuya
porque mi piel,
se extrémese junto a la tuya,
porque soy tu esclava
y seré tu amante fiel.

Y cuando al tocar el cielo
junto a ti, seamos solo uno,
en dos cuerpos en dos almas
en este universo de amor.
Que hay dentro de mí
para ti,
ven, tómame has de mi, lo que desees,
que soy sumamente moldeable.

Ven

No porque en las andanzas
las cuales he recorrido sin ti,
pienses que no te siento aún,
que mi cuerpo, no tiemble en deseo
ferviente de tu cuerpo.

No porque vivo queriendo
pienses que no te quiera, más a ti,
porque el solo imaginarte junto a mí,
me hace hervir mi sangre Y emerge la
humedad,
inundándome de emociones.

No no pienses nada…. nada
sólo déjame tenerte otra vez antes del alba,
déjame gozarte las ganas
que sé, que aún te doy.

Que mis manos recorreran
ese camino que te lleva al edén,
que acaricié tu cuerpo, que beba de ti
que sientas tocar el cielo,
al llegar a ese momento de creer morir
en un éxtasis volcánico.

Dime….. ¿Qué dices?
¿Me dejarás de nuevo empezar?
por qué esos lirios, que la ausencia fría mata
florecerán mañana al despertar.

Más recuerda que en mis andanzas
fui, una más también para ti,
hasta ese día, que te enamoraste de mí
y ahora yo andariega me río ,
si me río de ese afán de aún desearte
de aún tenerte, Sin un te amo
con sólo deseo y pasión

Recuerda ya no dije más… te amo
ya no llore al partir, quizás por que fuiste
tú,
ya mis horas serenas, entre la luna y la rosa
única espina que aún duele.

Ven sin decir te amo, acallando los
silencios
en gemidos de loba entre tus piernas
por qué soy solamente un deseo, una
pasion
y no un amor.

Carta a mi olvido

Y cuando mis lágrimas
te invadan el alma,
y el viento, te hable tan fuerte
te llegarán un manojo de recuerdos
que te llevarán hasta mi,
piensa entonces cariño
que soy, lo que queda de mí,
una mujer sin más recuerdos,
sin caricias sentidas,
sin más besos recibidos,
sin sentirme con el alma de mujer.

Recuerda también cariño,
al leer esta carta
los gratos momentos vividos,
cuando ansiosa buscaba tu boca
para saciar mi sed infinita de ti,
donde sólo tu manantial,
solía saciarme mi sed.

Recuerda, como el volcán que albergaba
entre mi piel y mi alma,
recorría tu cuerpo, como lava ardiendo
tatuando cada beso y caricia
que te daba, hasta doler
mientras yo, viajera entre tu cuerpo
 desde el norte, al sur, del este y oeste,
deteniéndome en la cúspide de tu hombría
te volvia loco, te volvia mio
y yo volvía a enloquecerte de pasión
añorándome tu aún más,

Y ahora yo, verdugo del olvido
no se sí fue real lo que me contas,
quizás soy, solo, una triste historia
que jamás existió.

Quizás lo que me lees,
no lo escribí yo
y sólo quizás, ni siquiera sepa yo, quie es el amor
si tú, al verme con esa tristeza en tu mirar,
o yo, burbuja vacía que nunca existió.

Desnudarse

Desnúdame, imprégname de ti
Para aplacar, los deseos en mi
de un te amo,
de un dulce beso, alcoholizando
mis ansias locas
de caricias profanas,
de pensamientos, aun sentidos
Aquí en mi piel.

Ven, que deseo poder transportarte al cielo
en segundo cuando mi boca
te devore el alma,
mientras estas entre mis piernas
Y te abrase el deseo
Solo de mí.

Quizás, el tiempo sea poco
Y las ganas muchas,
Pero mi amor es infinito,
Y la distancias, solo son de las almas
las más cortas cuando se aman.

Ven cariño que ansió tenerte otra vez,
que tarde, aún no es
Para seguir tatuándote la piel,
con mi ser
mientras grito al silencio,
que eres todo para mí,
al caer la noche y asome la luna
Yo seguiré aquí,
esperando por ti
mirando al infinito buscándote.

Ven dulce amor
desnúdame el alma,
que quiero hacerte aún más feliz
cuando veas en mis ojos
que soy tu amante fiel.

Mi dolor tu ausencia

Quise ahogar los sentidos
y no dejar al dolor, me invadiera por completo,
más la soledad que dejo tu adiós hijo mío,
me cala hasta los huesos,
me hace desear morir
por no tenerte.

Más es inevitable, te marchaste
dejando atrás la huella de tu caminar
que el tiempo jamás podrá borrar.

Aún siento tus tiernos brazos
rodeando mi cuello,
apretándome para que no te dejara ir
y tus ojitos, llenos de lágrimas,
preguntándome ¿por qué?

Y yo.....Yo torpe de mi,
sin poder hablar,
sin poder explicar, que esto no es un castigo
que la vida nos jugó una mala pasada,
y que nos deja con el corazón roto
cargado de dolor, sin poder respirar
inundándonos de ansiedad.

Duele, cuanto duele tu ausencia
cuanta tristeza se respira,
Cuán solo se ve mi mundo
sin ti.

Hijito mío, te llevas todo de mi
deseo, no me olvides en tus tiernos años,
porque yo estaré siempre pensándote
añorándote esperando el día
en qué nos encontremos de nuevo,
y mi corazón vuelva a vivir
al tenerte junto a mi.

Te amo hijo mío,
te amo más de lo que jamás
podrás imaginar.

Mis razones

Existen ciertas razones
para olvidarte,

Otras tantas, para poder odiarte

Muchas menos para no sentirte,

Ninguna, para dejar de amarte

Innumerables razones para necesitarte,

Algunas más, para extrañarte

Un sin número para gozarte,

Y millones de ellas, para desearte

Muchas razones para verte,

Más aún para acariciarte

y para besarte,

Algunas más, para soñarte

Y todas ellas para amarte

Cuántas más, para enamorarte

Cantidad suficiente para seducirte

Infinidad para enloquecerte,

Y sin cuentas para adorarte

Pocas a veces, para comprenderte

Escazas ocasiones, para entenderte

Casi ninguna para justificarte,

Pero todas, todas…para amarte.

A la locura

Justamente hoy, no siento nada más
que vacío
y la falta de fuerzas para continuar aquí,
Debo creer que no hay remedio ya
que mostré mis límites
y que por ende no queda nada.

Me siento más que sola,
sola por todas partes y no deseo esperar más ya
pues mis lágrimas me convierten,
en estatua de sal
mis necesidades ya no aumentan, quedaron ahí congeladas
estoy más que abrumada en mis sensaciones,
no deseo nuevamente, lanzarme al mundo
no hay pregunta,
no hay respuesta.

Todo paso y pasa, no hay culpa ni vergüenza
esto no tiene lógica en mi olvido
pues abandone la roca, que edifico mi alma.

No hay lugar firme, pues di más, quede exhausta
usada y manipulada
por qué así lo quise, lo se.

No fije mis propios límites
hasta qué el propio límite, lo fijo
sin reconocer ni respetar,
hasta quedar siendo un bosquejo de mi propio yo
de lo que nunca imagine,
el bosquejo que siempre odie
donde no se ni quien soy ni adónde voy

Y justamente hoy
grito hacia adentro,
haciéndome escuchar
con mi voz interior
mirando que olvide también
ese lugar firme,
que era el propio amor a mí misma
donde mi cuerpo y alma
me pertenecían.

Bosquejo

Bosquejo de soledad en mi alma
quedan grabados desde tu partida
donde mi voz interior grita,
No me olvides vida mía.

Voy andando mil caminos
enfrentando siempre mi destino,
loca angustiada presurosa
más siempre guerrera victoriosa.

Hoy lloran mis recuerdos
inaudible nostalgia de mis versos,
aferrándome a la promesa de amor
que en tus olvidos quedo.

Oh! vida mía
contare una vez más
a tus olvidos,
esta historia de amor
permanente llenade dolor,
para ver si acaso me recuerdas
y vuelvo a ser tu ilusión.

Mantenme de pie con tu sonrisa
mientras el mar, me alcanza con su brisa
y alegra mis tardes y la añoranza.

Transforma y protege tus emociones
y exígele a la vida algunas ilusiones.

Escápate de tus olvidos
y vuelve aquí conmigo,
amémonos suavemente
que sabes que yo lo haré dulcemente.

Quiero quedarme entre tus brazos,
para despertar cada día hasta mi ocaso
amarte hasta el día de mi muerte
que nos espera eternamente.

Buscando en mi alma

Y hoy…. Hoy te busque,
Busque sin darme cuenta,
Sin pensarlo, siquiera
Te busque, en mis recuerdos
Te busque, en el viento
Te busque, en un suspiro
En la alborada,
Te busque, en la broza de mar
En el atardecer otoñal.

¿Cuánto te busque?
Busque en mi piel aún perfumada,
En mis labios aún de carmín,
En mis manos un tanto cansadas,
En las locas ganas de un tu y yo,
Busque algún perfume tuyo
Alguna parte de tu esencia
Busque rastros de tu mirar
O alguna sonrisa tuya de esas alocadas.

Te busque….Te busque
Y encontré alguno, creo de mis escritos
En que la música, habla un poco más
Y me dice que eres parte de mí,
Que esas ansias locas
Aún inundan los océanos.

Ay tonta de mí
Como pude olvidar,
Lo inolvidable,
Lo que un día fue,
Lo que mi cuerpo sintió.

Y leí entre mis poesías
Esas que hablan de amor
Y cante Te Quiero, Te Quiero
Sin saber aún la letra
Y ya tirada en el sillón,
Imaginando cada caricia
Cada noche de pasión
Cada mañana a tu lado,
Cada beso aquí guardado,
Mi cuerpo se estremeció
humedeciendo tu alma,
Por lo que se vivió
Por lo que sentí .

Hurge entre mi alma
Y nada,
Ni una imagen real recordé,
Solo quedan ganas de llorar
Al no saber si fuiste real,
O tan sólo te imagine.

Mi otoño

Es tan doloroso ver el alba
cuando el tiempo, no perdona
y sigue, doliendo tu partida
y siguen mis mañanas frías.

Quisiera no perder la cordura
y poder acepta, r que ya no estas
junto a mí, y mis orquídeas ya marchitas
las que tanto yo amara,
y te gustaran tanto a ti.

Duele tan sólo el no verte,
el ya no escucharte,
el saberte ahí, entre el cielo y el mar
y yo aquí sin dejarte de extrañar.

Fueron tantas alegrías
que dejaste, sabiendo que morirías
y ahora nosotros lloramos tu partida
por no saber que ya no vivirías.

Ahora hace un mes, querida amiga
que nos dijiste adiós sin prisa,
con el alma rota nos dejaste
y alguno que otro amándote y añorándote
a morir.

Piensa en nosotros Loba querida

Piensa y guardanos un lugarcito allá, , junto al mar
que el otoño, de nuestras vidas se aproxima
mientras mi pelo se viste de plata
el tintito agarra madurez, lo llevare yo con un puro,
mi pluma y papel,
escribiremos aún mas poesía
de esa que eriza la piel
y hacen aun extremecer.

Gracias amor mío

Que manera de ahogar los sentidos
tirándolos al mar,
de continuar tu camino, dejándome a la deriva de un adiós.

Fueron quizás solo para mi,
inolvidables momentos junto a ti,
quizás será porque yo si te amé
y tú a mí….. Sólo fue querer.

Llevare conmigo los recuerdos,
sin olvidar que aún vivo,
añorando quizás que fui feliz
aún que sólo yo, me enamore.

Gracias amor mío
amiga mía gracias,
gracias por las alegrías
gracias por los días,
por las noches, que me diste sin querer
gracias por las sonrisas
por las noches de placer,
gracias por las mañanas,
y por cada una de tus palabras
que se fueron sinceras,
gracias también
por mostrarme la diferencia
entre amar y querer.

Te llevare en mis hombros
como bello recuerdo, tatuado en mi piel
como esa sonrisas por la madrugada,
donde te hacía sentir enamorada,
donde pasábamos horas jugando
y muchas otras soñando
con una vida larga amándonos.

Gracias amor mío,
por enseñarme lo que es amar y querer.

Poseerte

Voy a poseer tu mente,
a conquistar tu alma,
a ser el único deseo,
que tengas al despertar.

Seré la esclava y la dueña,
la única que amas.

Seré inundación de tus deseos,
río de lava cubriéndote.

Seré la musa que te inspira,
mientras escribo poesía
sobre tu piel.

Seré hechizo en tu mirada,
embrujando al tiempo
para amarte otra vez.

Seré esa hembra,
que sólo querrás amar.

Seré loba hambrienta buscándote,
aullándolea la luna al anochecer
en palabras poco rebuscadas
y gemidos nunca usados.

Seré la única arrugando tus sábanas
y la que perfuma tu cama.

Seré la ninfa, de tus sueños
y la dama por las mañanas.

Seré todo lo que tú deseas,
más lo que yo quiero ser también.

Y en el universo de dos cuerpos,
las almas se entretejerán.

Seremos uno sólo, al caer el alba
donde yo solo quiero ser,
quien te devore en secreto
quien te abrase y te regale el cielo
una y otra vez.

Mis años

Ya no soy una mujer joven
en mi cabeza, ya asoman algunas canas
mi rostro empieza a delinear, los años
vividos
mientras mi cuerpo envejeciendo,
con mucha dignidad.

Sin embargo, tal vez me queden
algunos años aún por vivir,
y cada día será, mejor que ayer
esto no significa, que no encontrare
tensiones,
ni momentos de soledad,
de miedo o de ira
de angustia, de resentimiento
a esto o aquello.

¡Más sabré que hacer eso sí!
Me lo enseño la vida,
pasare lo mejor posible, mis días
y ciertamente a si lo espero
por qué lo deseo.

Seguiré mi lucha por vivir,
por gastarme las sonrisas en mi,
con algún amigo, o porque no
con algún extraño,
por dibujar una nueva ilusión
en algún ser,
por crear un poco más de amor
en el mundo.

Mientras las ventanas se puedan abrir,
tirare besos al viento
enviare miles de te quieros
gritare a los silencios que vivo,
que aún estoy aquí
luchando por un día más
de recuerdos, de nostalgias
y de amor

Tentare tantas veces sean posibles a mi
confianza, con suspiros y amor
amare cada día, como amo mi ayer
aunque las lágrimas aún no se sequen
no seré jamás estatua de sal.

Amare el saberte aquí
Y yo allí junto a ti, aún en la distancia
de un ayer.
Y cuando el final se acerque
sabré decir hasta siempre, con una sonrisa
sonreiré al ver que mi vida tubo sentido,
que alguien sonrió a mi lado
que quizás en muchas ocasiones
quite el miedo a vivir, un día más a alguien
que regale una esperanza,
de un día mejor.

Y moriré sólo en mi cuerpo
por qué mi esencia vivirá,
en cada ser que recuerde
un poquito de mí
en mi recorrido por esta vida.

Deja que mi boca

....Y me aferre a tus labios,
a ese triste momento de tu adiós
dejando atrás, los momentos felices
esos, que quedaron en el ayer.

Deje que mi boca se posará
en tus labios, aún tibios
y te bese,
queriendo detener el tiempo
y sin darme cuenta el tiempo
continuo y continuo,
y yo te seguía besando.

Te hablaba, te decía que te quería,
y con mis manos que te quedarás,
que no habría mejor lugar
que mis brazos,
que te bajaría el cielo,
para qué te quedarás junto a mí.

Con una lágrima en mi rostro
con mi cabello sedoso y enredado
mis pies descalzos
me vieron caminar.

Era yo, ya un fantasma loco viviente,
pensándote noche y día
besando al viento,
acariciando la nada.

Pero el mar, me abrazo entre sus olas
me revolcó, entre su fría agua y la blanca
arena,
hasta hacerme recordar,
que ya no estabas aquí.

Que mi alma divago, entre el aire con olor
a ti
que los suspiros eran tormentas de dolor
que habías marchado para no regresar.

Y quede yo aquí, sola
con mi locura y una terrible soledad
aferrada a tus labios,
mientras yo te besaba
en mis recuerdos.

Mas mi boca se secó
mis ojos igual,
pero la promesa, de una eternidad
entre el mar tú y yo
jamás se olvidara.

Quien es ella

¿Dime amor como es ella?
esa que dice amarte,
que calma con ilusiones, tu alma
enamorada
que sabe cómo tatuarte con besos la piel.

….Dime por favor
¿Cómo complace todos tus deseos?

¿Cómo con su sola mirada
te hace sonreír?

¿Cómo con su andar hipnotiza tus
sentidos?

¿Cómo se perfuma de esencia de viento?

¡Dime…… por favor dime!

¿Cómo hago yo para que me ames?

¿Cómo ella pinta el cielo a tus pies?

¿Cómo te hace volar entre sus brazos?

¿Cómo seduce a la noche?
y te envuelve, en un río de lava
haciéndote olvidar, de todos
menos de ella.

¡Dime! cómo hacer para ser, como ella
esa que te ama más que a su ser,
esa que te espera noche y día
sabiéndote su esclavo fiel.

¡Dime! te lo imploro dímelo,
¿Cómo te calma tus ansias?

¿Cómo te colma de sueños?

Quiero despertar como ella,
entre tus brazos al alba
y dormir después de hacerte el amor en el
atardecer de nuestros años.

¿Dime cómo?

¿Y que más hace ella?

Esa a quien amas y llamas
Mi amor, mi mujer,
la del nombre inolvidable.

¡Dime!

! Que quiero, ser tu esposa
y no la que ni amante, tuya puede ser!

Lo admito

¡Lo admito!
No has salido de mí
y quisiera estar ahí

Daria lo que fuera,
por estar cerca de ti
acercarme en un momento
y poder oler tu cabello
mientras te beso la nuca,
abrazo tus ansias
enloquezco tus sentidos
y enamoro tu alma.

¿Sabes creo?
¡No! Estoy seguro,
estar de ti, locamente enamorado
hasta de esas repentinas huidas,
mientras te enamoro y te cuento con
detalles,
mi loca manera de poseerte, en mi
imaginación en esta terrible distancia, que
me aleja de ti.

Y recordando, en la noche oscura
el negro de tu cabello
y esos ojos hibnotizantes,
que me enloquecieron,
esos labios, de carmín
que embriagaron mi existir
y ese perfumé tan tuyo,
embrujando al viento,
seduciendo mi alma entera
y esa única forma tan sensual de caminar,
que vuelve loco a cualquiera.

Sábete que estoy de ti, eternamente
enamorado
y que jamás olvidare, ese único amanecer
que viví junto a ti,
después de haberte amado por la noche
sin tregua, hasta salir el sol.

Te contemple aun dormida
sobre mi pecho,
con el cabello enredado,
entre mis dedos y esa sonrisita sobre tu
rostro.

Desnudos

Tu espalda dulce planicie
que me hace suspirar,
mientras desnuda duermes
y me invitas al amor

Mis manos ansiosas
te buscan entre sábanas de seda
donde mis dedos aprisionan tus tersos
senos
y ciento el fuerte palpitar de tu corazón,
a punto de estallar.

Y tu boca que me sabe a miel,
dulce néctar, que adoró beber
haciéndome arder en deseos,
más locos por ti.

Los sonidos se nos escapan
y se escucha un aullar
somos lobos en selo,
dispuestos a amar.

Y se perfuma nuestra noche
con olor a nuestros sexos
húmedos, cálidos y ansiosos.

Poseídos ya
escapándonos sin control,
giras te tomo,
giro, y soy todo tuyo,
ya el volcán estallara,
y aún desbordados de pasión,
te grito en tu interior
eres mía.....sólo mía
hasta el final.

Y como respuesta un gemido de loba, que
atraviesa la ciudad
te tiras sobre mi,
tu pelo enredado sobre mi pecho
tus senos rozándome la piel
tus caderas desnudas,
apretándome
y tus piernas rodeándome.

¿Como poder escapar de ti?
si no lo deseo,
envuelto en la fragancia de t, i sólo quiero
yo vivir,
sin un último encuentro donde me
perdiera sin ti

Y quedas dormida en mis silencios,
escucho el latir, de tu corazón
ahora cuerpos desnudos
sobre la cama son.

Sólo tu

Hoy solo te deseo a ti
en tus sensaciones mezcladas con las mías,
haciéndome vibrar,
haciéndote nuevamente el amor
compartirnos hasta el amanecer.

Donde quede colmado de ti
mientras mi alma, queda complacida,
de sentirte,
de gozarte,
de poseerte.

Deseo mis ojos, se impregnen de ti
de tus formas,
de tus colores,
de tus sabores.

Y volverte a desear,
deslizando mi mano en toda tu
haciéndote estallar en deseos, por mi
quemando te la piel,
al tatuarte de mis besos.

Me tocarás,
me seducirás,
al igual que yo, muero de hambre de ti
y me entregare como loba en celo,
impaciente, feroz y hambrienta.

Más sabrás recorrerme
y te pediré, no te detengas
sigue,
sigue.

Y te amare, como te amé ayer
sin saber cómo desnudas mi alma
y arrebatas mis emociones
dejándome extasiada.
Más sin embargo solo estas al teléfono,
alimentándome con tu lujuria
que rodean nuestros pensamientos
mientras el volverte a tener aquí, junto a mi
sea un reto, que enfrentare cada vez que
vuelvas a mi.

Y que en esos hasta luego
sigas siendo lo más prohibido,
lo más anhelado, lo más amado.
Eres esa droga totalmente sana,
que enloquece mis sentidos
y me hace aguardarte
vestida de esperanza,
Sólo para ti
para tus deseos
para hacerte mío,
y ciegamente volver a tus brazos
una y otra vez.

Herrada

Y preste oídos, a mi alma
tome en cuenta el sentir
baje la guardia al amor
y ame así sin sentir, más dolor.

Quise ser eterna en tus manos
tomar el mundo entero para ti.

Quise gritar cientos de te amos
para no morir, en el silencio de un adiós

Fueron muchas las emociones
mucho más, de las que alguna vez soñé.

Fui feliz, no lo niego

Fui feliz una vez más
Fui mujer, de tantas promesas
Fui tu mujer y tu esclava fiel.

Me enamore de tu sonrisa,
de tu mirar color de miel,
de tu silencio también me enamore.

Ame el rosar de tus labios,
tatuandome por completo la piel.

Ame caminar descalzos por la playa,
bañarnos ahí hasta el amanecer
goce las tardes junto a ti,
algo que jamás olvidare.

Me embriague del Tequila en tu boca,
naufrague entre tus caricias y el edén
fui guerrera del amor
y esclava de tus brazos
y el dulce olor de tu ser.

Tanto le preste oídos a mi alma
que hoy, le grito que te amé
y aunque errada estaba
te deseo volver a tener
te deseo volver a querer.

Desperté Pensándote

Desperté pensándote
recordando, cada instante
que pase junto a ti, mis ansias se hicieron presentes,
sentí por un instante tu presencia
una vez más.

Fue quizás el viento que entro
por mi ventana,
que me hizo recordar
que tú ya no estas,
que jamás volverás
pues me dejaste de amar.

Y hoy, pensándote
me quedo con el dulce recuerdo
de ese ayer,
en el que juntos caminábamos
por la playa,
buscando mil pretextos para no parar
que no terminara el día
para no marchar de ese hermoso lugar.

Juramos amarnos cada día un poco más
más sin embargo, eso no paso
seguiste tu camino
y yo me quede aquí,
con el corazón hecho añicos
y una vida por vivir.

Más sacudiré las sábanas,
soltare mi cabello
caminare descalza y soñare
una vida aún más feliz
aunque tú no estés aquí
para caminar a mi lado,
como lo hicimos ayer
entre las tardes de verano
y las noches sin retorno,
donde jamás olvidare
que fui feliz.

Mis Dudas

Mas apenas
una alta consideración
de tu amor,
se apiadan de mí.

Y saco del profundo
de tu secreto,
amontonando toda la miseria
ala vista de mi corazón.

Estalla en mi alma
una tormenta enorme
que encerraba en si,
copiosa lluvia de lágrimas,
queriendo descargarla
solo con tu mirar,
haciendo las cosas
de costumbre
con angustia creciente.

Y todos los días futuros
sin ti....

Hacían mis recuerdos vacilantes,
tardarse en romper
y desentendiéndome de ellos
sin querer,
sin desear,
sin saber

Y escribí para no olvidar
y leía para recordar

No quise leer más
un día,
ni era necesario tampoco
pues al punto
que creí fin a la sentencia
de mi olvido,
había llegado.

Fue como si hubiera
infiltrado en mi corazón
una nueva luz de seguridad

Se dispararon todas
las tinieblas de mis dudas
y fue así
que empecé a vivir
para no morir,
tratando de recordar-

Amar

Y te amé despacio
tiernament, locamente
envolví con pasió,
cada beso,
cada caricia,
cada sonrisa,
cada detalle,
hasta tenerte solo para mi.

Baje algunas lunas
te regale, algunas estrellas
miramos miles de amaneceres
abrazados uno del otro
sólo para comprobar,
que el amor existe
que es real
que aún se puede palpar
en el viento.

¿Y sabes amor?
ya no bajare más estrellas,
ni lunas rosadas,
por qué ellas están en tu mirar
en tu forma de sonreír.

Ahora te amare,
aún más locamente
te cubriré de más ilusiones
de besos y caricias nunca dadas,
de esas que sólo los enamorados
se pueden percibir.

Y te amare….te amare
por qué no concibo la vida
sin amor, sin ti .

Me amaras, como amas vivir solo para mí
por qué sabes que te amo,
de igual forma yo a ti.

Somos locos,
locos por amarnos locamente
por ser esclavos del amor
por mirar yo con tus ojos
y tú con los míos.

Por ser, dos seres
una sola alma
un solo propósito
un solo anhelo.

Te amé,
te amo
y te amare tan suavemente,
tan tiernamente
que me amaras como siempre
me has amado.

Nostalgias

Nostalgias divinas
que aún me llevan a ti,
que me hacen recordar
lo que yo viví en un ayer.

Y celosamente exprimí, cada segundo
de ese amor, que aunque tormentoso y
prohibido
me alimentaba con amor.

Te recuerdo tan bien,
que aún veo el color de tu tersa piel
esa sonrisa que me enloquecía
el brillo de tu mirar
el calor de tu cuerpo junto al mío
aún siento tus caricias,
esas tan magistralmente dadas en mi ser,
y me hacían tocar el cielo con mi manos.

Y aún el dulce sabor de tus labios
embriagándome,
me hacen desearte más
y aún nadie se compara a ti!!

El viento trae consigo en mis recuerdos,
el perfume de tu cuerpo
después de hacerte el amor.

Oh!!! Mujer divina
¿Cuantas noches esperaba por ti?
¿Cuantas noches de pasión se tatuaron en
nosotros?

Cuánto Ame, esas escapadas a lo
prohibido,
a lo juzgado por la gente.

Y después de tantas noches sin ti,
bajo el cielo gris que las nostalgias me
trajeron
me pregunte,
¿Por qué te deje ir?
Si te Amaba.

¿Por qué no coloque en tu alma? la
promesa de amarte hasta la eternidad.
Por qué aún si
¡Aún te amo!

¡Estúpido de mí!
Hice que me olvidaras,
que de mi, te alejarás
que buscaras quien realmente te amara.

Y te dijera y te comprobara, que era hasta
la eternidad entre sus brazos,
tan feliz como yo lo deseo
pero no lo exprese,
pensé que era suficiente
amarte a escondidas.

Fui tan Estúpido
me dicen los recuerdos
me lo digo yo, frente al espejo
porque mi cuerpo, mi mente
y mi alma te necesitan, cada instante desde
ese noche que yano regresaste a mi.

Deceso

Hoy en tu mirada
no encuentro más consuelo,
ya no reflejan más, mi mirar
que llora sin parar.

Siento tu piel fría
que me cala hasta los huesos,
perdió ese calorcito
que me invitaba el juego de la pasión.
y tu rostro aunque aún terso
no me dice nada … estas inerte
tirado ahí.

Mi mente divaga ya en los recuerdos
esos que viví junto a ti,
se sienten como puñaladas
en mi corazón
y me gritan que fui feliz
 que mi ser tiembla de miedo.

Ven no abandones mis brazos
quédate aquí conmigo, te lo suplico
No me dejes aquí agonizando,
muriendo lentamente
por no tenerte.

Te necesito tanto mi amor
¿Como? podré vivir sin ti

Dime ¿Como pasarán mis días
sin tu sonrisa?
Sin tu mirar.

Dime ¿Como se transformó esa lava
ardiente
que eran tus besos al recorrerme? En hielo.

Moriré de frío congelada sin ti

Con el corazón sin latir,
con los sueños destrozados
y el alma rota,
mi cuerpo herido
por no tenerte.

Ven……Ven no abandones nuestro nido
no me dejes aquí, en el olvido
sumergida en pena y dolor
tan sola sin esa fuerza, que eras tú para
vivir.

Ven no me dejes aquí
prefiero morir contigo
que vivir sin ti.

Tú me enloqueces

Tú me enloqueces los sentidos
con el negro de tus cabellos,
sobre la tibia arena
y el brillo de tu piel canela.

Tu mujer de caderas enloquecedoras
de talle impecable,
de senos de real hembra
y de mirada tierna,
me enloqueces mujer.

Tu mujer enloqueces, hasta el sol
sobre tus hombros
al mar sobre tu cuerpo
y a la luna vuelves celosa
al contemplarte toda airosa.

Tu mujer me enloqueces,
me haces desear ser roció
en tu amanecer
y rosar aunque sea ese momento tu piel.

Tu mujer me enloqueces
haces de mi, tu esclavo fiel
ese que se pone cada día a tu pies
y tu mujer….. Ni siquiera me vez.

Quiero ver en tus ojos
ese destello,
en el momento preciso
de qué me mires a mí
y veas, que soy más que tu amigo
que soy un loco enamorado de ti

Tu mujer me vuelves loco…loco

Si no puedo ni respirar si tu me miras
cuando en ti hago mil orgias, donde tatuo
cada beso que te doy en la mejilla.

A donde

¿A dónde se va el tiempo?
¿A dónde va?
¿Que ha hecho con nosotros?
¿Que fue del gran amor?
que un día juramos, sería eterno.

A dónde mi amor?
a dónde se fue ese amor?
le grito al viento
en mis noches oscuras,
en mis días más que grises
y en tu compañía.

¿Por qué ese amor ya no lo sientes?
por qué si acaricio tu pelo,
te lleno de rosas
te colmo de amores
tu ....tú ya no me sientes?

Y aún, soy tuyo

Aun te amo,

Aun te deseo.

Que muero por sentirte mía
y aún que estas aquí,
tú ya no gustas de mí.

Mis caricias ya no te dicen nada,
ya no te incendian.

Mis besos ya no te bastan,
y mi mirar, ya no te es especial.

Que sólo estas por el que dirán

¿A dónde se fue el amor?
ese tiempo tan nuestro
tan especial

Mi amor ahora siento el frío,
cruel del amanecer
calandome los huesos,
gritandote en silencio.

Y aún que estas a mi lado,
en mi cama
no te siento más mía
y tú al parecer ni siquiera me sientes.

¿A dónde se fue nuestro amor
vida mía?

¿A dónde fue?

Sólo a ti

Hoy, solo te deseo a ti
en tus sensaciones mezcladas con las mías

En el mometo exacto, que mi boca se posa
en la tuya

Te besa el alma, y penetra tu ser

Hoy quiero decirte que sin ti, soy nada
y que implora, ser tu amada.

Tu ansia viva tu deseo incontrolable
hoy amor de mis amores, soñaba con
perderme en ti,
con ser mas para ti, quizás esa ilucion
fortuita
donde la noche y el silencio no se puedan
guardar
dame un lugar, un sentimiento
algo que me haga ser difícil de olvidar

Dame un momento par no olvidar
se que si lo intentas podría ser especial.

Te necesito junto ami….

Con un grito desesperado

Hoy desperté, con la firme convicción
de que jamás te dejaría de amar mi corazón,
que eres exactamente lo que tanto busque.

Y hoy….Hoy como ayer, estas junto a mi
queriéndome, hasta en mis días grises,
protegiéndome hasta en ocasiones, de mi misma
velando por mi noche y día,
deseándome siempre a tu lado,
y aunque en ocasiones te haga repelar
pero siempre dejándome ser como soy,
sin críticas, ni regaños mucho menos
con celos
por qué sabes bien quien soy
a dónde voy,
y que tuyo es mi corazón.

Hoy, volveré a sonreír
pintare con hermosos colores, mi cielo gris
desatare sonrisas en nuestro mundo,
seguiré luchando nuevamente, por no olvidar,
y no dejar de luchar
por ser nuevamente Feliz.

Hoy estoy convencida, que nadie
es culpable de cómo me siento,
en mis días grises,
y deseo ustedes también lo comprendan,
soy así,
loca, bipolar, amorosa, odiosa en ocasiones
enojona pero sobre todo Soy yo
la que los Ama, con el alma
la que moriría por ustedes,
la que daría lo que fuese, por siempre verlos feliz
en ese pequeño mundo al cual llamo mi universo mi rinconcito.

Hoy desperté con la firme convicción
De ser yo,
Y luchar como siempre por un mundo de color.

¿Y ahora qué?

¿Y ahora qué?
¡Dime!
Ya echo de menos al viento
y el cantar enigmático de las olas
el abrazo cálido del agua de mar,
ese donde tú me cubrías
entre tus brazos.

El Tintito ya se calentó
de esperar,
el papel voló, en ese viento
que también se llevó, absolutamente
todos mis sueños,
de una vida junto a ti.

Y yo no me he ido aún,
sigo aquí esperando, no sé qué
y a punto de perder la calma,
ya instalada en ansias locas en mi garganta,
el silencio tomado entre mis dedos,
en busca de miel entre labios
que no me sepan a hiel.

Más la calma, es mi deseo
como lo fue alguna vez el viento,
ese que depositaba algunos versos
enviados en la distancia de algunos sueños
donde gustoso me tomabas,
entre pasiones y deseos
entre sábanas de seda,
y mis labios de carmín
más los caminos se cerraron
las nubes bloquearon mi mirar
y el mar silenció tu sonrisa.

Desconsuelos en nuestra piel
y un murmullo gritándome,
que no te fuiste,
que has de volver
entre canciones poemas
y versos cortos,
entre lucha de gigantes molinos
en tormentas de mar en calma
entre noches de abril y mi piel.

Pondré más Tintos a enfriar
más tinta al tintero.

Quimeras

Quisiera habitar tus quimeras,
encender los fuegos que me consumen,
de tan sólo pensarte mío.

Quisiera palpar tus silencios
y decirte en secreto,
que tú serás mío.

Que volcaré, mil caricias
sobre tus labios.

Que seré la lluvia, que te acaricia
la noche que te arrulla,
el mar que te baña.

Seré distancia inexistente,
entre tu alma y la mía

Seré audaz, para conquistar tu mirada,
tus pensamientos
y los deseos más ocultos
que te despiertan el hambre,
de amar.

Seré, Loba cautelosa
entre tus piernas.

Dominare tus pasiones
para hacerlas mías.

Tatuare, caricias aún no dadas.

Escribiré poemas, sobre tu piel.

Cantare al viento que te amo.

Velare tus sueños inquietos
y despertare al hombre, que hay dormido
en ti.

Llegare donde no alcanzan mis versos.

Donde el sudor y tu pulso
son sinónimos de que me deseas.

Beberé tus suspiros anhelados.

Y comeré a besos las costas de tu cuerpo
entre mis manos.

Mientras mi lengua, va más allá de tu boca
envenenada,
que mis labios tanto ansían.

Seré más que una Mujer para ti.

Seré tu amiga, tu amante fiel.

La que te enamorara día a día.

La que pasó ente espero por tu dulce
compañía
mientras mi cuerpo estaba adormecido.

Y mis pasiones florecían
esperando, pacientemente por tu mirada

Aquí junto a mí.

Bajo el mismo atardecer.

Con una copa de vino.

El mar.

Tú y yo.

Hoy seré lo que yo quiero ser.

Atada

Me encuentro atada,
entre el amor y el olvido
entre nostalgias,
que me causan aún más frío
entre los silencios, que dejo tu voz
entre la arena y el mar
de mi soledad.

Cuento las horas,
los minutos ya sin ti,
cuanto dolor el dejarte ir,
el dejar que vivas lo que yo ya viví.

Hay amor,
cuanto dolor el saberte, ahora en la
distancia,
entre sus brazos de gran mujer.

Te deje ir, soy culpable
pues no pude darte,
lo que ella si supo.

Aquí estoy ahora,
con la sonrisa fingida
mirando sin mirar,
deseando retroceder el tiempo,
que me dejo en este dolor.

Con el rostro hacia el horizonte,
con la mirada perdida,
con el cabello enredado por el viento
perfumando los recuerdos,
velando a la luna.

Mientras el sol hace amanecer
y me arde aún en la piel,
recordando, los momentos antes vividos
que ahora ya no son.

Puedo querer morir de amor,
pero prefiero verte a ti feliz,
contemplar a la distancia tu sonrisa
mientras mil recuerdos vienen a mí.

Que el amor no se acabe,
aunque no me quieras a mí
porque tanto te amo
aunque no estés junto a mí.

Que el cielo se torne aún más gris
aunque inunde mil desiertos,
aunque no te pueda yo olvidar,
te quiero ver feliz,
te quiero ver, aunque no me ames a mi.

Celos

¿Dime amor que pasaría?
si al igual que tú,
también besará otra boca.

Si me alimentara, de otras caricias

Si bebiera, de otro ser

Si mi mente divagara entre sus brazos,
al hacerte el amor

¿Dime que pasaría?

¿Qué harías tú?

Por qué yo, muero de celos

Me quema la angustia, de saberte entre
otra cama

Entre otra piel, que no fuese la mía

Muero de saberte, en otros brazos

En otras pasiones,

Mientras a mí, me consume el dolor

me transforma en fantasma,

En imagen no real, de lo que es la nueva
soledad en compañía

Dime Amor….. Acaso mis besos
¿ya no te embriagan las ansias?

¿Ya no te consume mi deseo?

¿No te apetece mi cuerpo?
que antes te enloquecía

¿Y mi amor ya no es suficiente para ti?

¿Oh es tan sólo, que me dejaste de amar
hace tiempo atrás?

Y ni tú ni yo lo sabíamos hasta hoy

¿Dime amor, aquí es el final?

¿Aquí se terminó nuestra historia de amor?

¿O fue el día que te miraste en sus ojos?
y te volviste esclavo de su andar.

Hay amor, como duele saber que perdimos

Que no fue suficiente nuestra pasión

Nuestra ilusión, de una vida tras la eternidad

Y bien sólo me quedan las dudas

¿De qué hacer con mis mañanas frías?

¿Cómo contemplar la luna sin ti?

¿Cómo caminar por la playa sin mojarme
los pies con mis lágrimas?

Oh tan sólo ¿Que hago con mi amor?

¿Cómo vivo ya sin ti?

¡Perdón amor mío!

Perdón, por no haber sido quien te
enamore en las noches frías

Quien ponga el cielo a tus pies
y te haga sentir
que sólo tú eres mi razón de ser

Perdón amor mío
¡Perdón!

Soñare

Hoy no grito P,
no lloro,
no me lamento.

Pues estoy viva,
después, de tantos fallidos embates
que me hace el amor.

Sigo aquí de frente,
con la ilusión, de un gran amor
y que aunque he perdido en ocasiones,
no he muerto de amor

Sigo de pie con una sonrisa
después de secar mis lágrimas,
después, de sacudir los momentos vividos
y levantar el vuelo
sin buscar un destino,
sin construir nuevas ilusiones,
pues deseo la misma desde hace tiempo.

Eh amado como nadie
eh besado otras bocas
eh sentido algunas pieles
entre mis sábanas y mi cama

así que nada me ha sido contado
lo eh vivido,
sé que es el amor,
la pasión,
el deseo, .
la ilusión

Así, que seguiré mi rumbo
y quizás encuentre esos ojos
que me enamoren,
que me hagan su eternidad
y juntos él y yo caminar
por la vida,
en el atardecer de mi otoño,
mientras aguardo el invierno
sobre mi piel.

Hoy no grito
no me lamento….

Sólo le contaré más al viento,
para qué te traiga a mí
 te colme de mis ansias,
 y te envuelva en mis deseos,
para llegar juntos a mi playa dorada
donde sólo seamos uno,
en dos almas listas para amar,
por qué sé que llegarás,
me lo dice mi alma.

Hoy no gritare

No llorare

No peleare, al tiempo
sólo soñare……….

Hoy

Hoy, descifrare
el silencio de tu mirar,
mientras hacemos el amor
mirándome, en ese par de ojos tristes
que me hipnotizan,
y me vuelven loca.

Hoy, recorreré cada centímetro de ti
con mis labios,
tatuando, en cada poro
un te quiero,
un te amo,
un te deseo.

Volcare, mis ansias sobre ti
arrancándote, gemidos instalados en cada
segundo que viví,
yo sin ti.

Te poseeré de una manera irracional,
casi salvaje,
dejándote, con aún más ganas de mi
de esta loba, que muere por ti.

Te regalare, mis suspiros
bajo la luna,
arrancándole las añoranzas de un día gris,
convirtiendo, de color volcánico mi pasión
solo por ti.

Te tomare por la espalda,
besare tu nuca,
acariciare tu pelo,
respirare tu perfume.

Hasta qué grites
que me necesitas ¡Ya!
que me quieres mirar de frente,
verme sonreír,
verme reflejada en ti,
y mueras en deseo solo de mi.

Hoy no habrá, un minuto sin fuego
no habrá un minuto de quietud.

Hoy no habrá más silencios en tu mirar.

Por qué hoy……hoy corazón
serás mío por siempre,
lo puedo yo jurar.

Te amare y me amaras,
te deseare y tú lo harás,
y así será, por nuestra eternidad
aunque ella solo dure,
lo que dure nuestro amor.

Hoy amor te haré mi hombre,
mi esclavo,
mi amigo,
mi amante,
mi novio,
mi amor…..mi amor.

Él es Mío

El…..Él es mío,
por que El, me lo dice
porque desde el momento
que se miró en mis ojos,
lo supo,
Se enamoró,
y supo que me pertenecía.

Poco a poco, El me enamoro,
me colmo de detalles, que marcan el alma
supo conquistar mi sonrisa,
me lleno de amor,
y me convertí, en su esclava y dueña
en amante fiel,
en algo más que una amiga,
algo que jamás imagine.

Soy pues su dueña
así lo proclama El
que con su dulce pasión
ahora me hace enloquecer

No sécómo fue en realidad
ni imagino tampoco como será
una vida sin él
Es El hombre que más Amo
que calma mi sed
que me obliga con ternura
a estar sólo para El

Él, es así,
tierno amigo, que me sabe escuchar,
novio, que aún me desea conquistar,
amante fiel, sediento solo de mi
manantial,
Es mi todo, ese que me protege,
que me comprende,
que cuida, hasta el último detalle para
hacer de nuestro mundo,
un mundo maravilloso, colmado de
sonrisas,
de amor de ternura y de complicidad.

El ….y sólo Él, es quien me hace
ser quien ahora soy,
una mujer enamorada,
Feliz y dichosa de ser, sólo su dueña,
su esclava su mujer.

El Cariño mío,
El……eres Tú,
mi todo, hasta nuestra eternidad.

Con la mirada perdida

¿Como permitirle a la vida
el vivir sin ti?
¿Como permitirle a mis manos
el rozar el viento?
justificando tu ausencia.

Dime ¡cómo hacer para seguir aquí?
con la mirada perdida en el horizonte,
con este amor, convertido en soledad
este vacío que duele,
que cala hasta los huesos.

El sol, se ocultara tras el mar
hara navegar mis nostalgias,
entre un ayer, que ya no se
me hace sentir que fue bello el
sentimiento,
que pudo haber sido mejor
que no supe hasta hoy,
que te amaba,
que deseaba, esa copa de tinto
junto a ti, aquí junto el mar,
sentados, contemplando el atardecer
mirando de repente tus ojos,
besándote, hasta sentir imposible,
despegarme de tu boca,
de tu cuerpo,
y así recorrer tu cuerpo con mis labios,
con mis manos ansiosas por ti,
hasta llegar el anochecer, haciéndote mía,
comiéndote el alma,
bebiendo de tu ser,
contemplando el cielo bajo tus pies.

Pero tarde sé que es
te deje partir,
me quede aquí,
callado con el corazón roto,
sin un te amo,
sin un te quiero,
sin un quédate aquí.

Y se que pagare con lágrimas mi estúpida
osadía
lo se.....lo se.

Dime amor

¿Y si la noche cae?
Y mis brazos quedan vacíos amor
¿Que haré? Para calmar esta soledad
¿Que haré? para que mis ansias de ti,
no me incendien y me dejen aún,
con más deseos de ti.

Dime amor ¿Que haré con mis besos?
¿En dónde saciare mi sed?
¿En dónde mis besos te encontrarán?
sin sentir morir al no encontrar,
tu boca y ese licor que me embriaga,
y seduce mi alma enamorada.

Dime amor ¿Que haré con mis caricias?
¿Con mis manos? ansiándote la piel
y buscando volver a descubrir,
ese punto, donde yo ponía el cielo a tus
pies.

Dime amor ¿Que hacer, con las mañanas?
¿Cómo percibir cada amanecer?
cómo? caminar sin tu andar a mi lado
¿Cómo guardar tantos te amos?
sin ahogarme, entre mi sentir
y tragarme mi soledad.

Dime amor….dime
¿Cómo viviré yo sin ti?
¡Porque yo no lose!
No sé, qué haré sin el tiempo
junto a ti,
no sé nada más, que te necesito,
que tengo aún guardados mis
sentimientos.

Amor, ya no se ni a donde voy,
en este camino de ausencias
sin destinos.

Amor, es así nuestra historia,
con un fin distinto a lo escrito,
con un fin, donde yo me quedo aquí,
sin saber qué hacer,
con todo lo que aún me queda,
con los sentimientos a flor de piel,
con mi pasión en extinción,
con mi respirar , ahogado en el llanto
y con la ilusión muerta…..Dime amor.

Divagando

Mi mente va divagando por los recuerdos
mientras el viento sopla fuerte
y me enreda el cabello
acariciando mi espalda
en volviéndome en suspiros

Empecé a recordar el sabor de tu piel
mientras te hacia mío
era increíble como endulzabas mis labios
de ti
como emanaba el perfume ese que
enloquecía mis sentidos
cuando éramos dos almas en un mismo ser

Recordé también
el Tintito derramado sobre ti
y como con tanto gusto
yo deguste sin desperdiciar ninguna gota
del vino aquel

Sentí de nuevo vibrar todo mi ser
al pensarte aquí junto a mi
besándome cada poro de mi
besando hasta mi alma al fin

Ahh ese viento y mis recuerdos de ti
cuantas nostalgias trae consigo
cuantos besos quedaron en tu olvido
cuantos te amo se fueron contigo

Y yo …..Yo me quedo aquí
parada frente al mar
con la mirada al horizonte
envuelta en frío
con mis cabellos al aire
y mi cuerpo estremecido una y otra vez
al recordar tantas cosas vividas junto a ti
y yo aquí
aquí comiéndome en silencio
las melancolías
gritando al silencio que vuelvas conmigo
que dejes atrás al olvido
y vuelvas a mirarte bajo mis ojos
y besarnos junto a la playa
testigo de lo que fuimos

Hoy como tantas veces
me siento atrapada en tu olvido
mientras contemplo el atardecer que se
acerca
y el anochecer que le espera

Mi corazón te aclama
mi mente te desea
mi cuerpo te ansia
y toda yo te ama

Historia

Cuando mi mente te extraña,
mi pluma, empieza a hablar
de algunas pasiones desmedidas,
donde aprendí el arte de amar.

Y mi mente, divaga
en blanco negro
imposibles de olvidar,
escribía tanto… tanto tanto
que el cansancio me abatía,
al salir el sol
y pensaba a gritos,
que tenía que vivir,
que la tinta se agotaba,
cada que se suele extrañar.

¡No quiero seguir extrañándote!

No quiero, seguir recordándote
sintiéndote aquí intensamente,
con tus caricias sobre mi,
más que tatuadas en mi piel.

No deseo escribir más , te quiero,
que aún mi cuerpo tiembla por ti,
al imaginarte nuevamente,
cuando estabas junto a mi.

No quiero más versos
que hablen de amor,
que te llenen, de sensaciones
que te confundan más la piel,
con mis motivos, tocándote el alma
rendida en tu ser.

No, me hagas arrodillarme ante ti,
pedirte perdón, por amarte tanto,
por desearte, aún más
y darte tan poco de mi
de mis suspiros, de mis te quiero,
por alimentar suspiros,
que ya no son para mi.

Ya…. No quiero menos,
ni pido mucho más,
sólo no quiero sentir,
que no estás, aquí junto a mí,
en mis escritos,
en mis verdades,
en mis nostalgias,
en mis soledades.

Amor, ya no quiero escribir más,
la misma impaciencia me ahoga
en el silencio, que hacen de mi pluma
una historia más,
sin un grandioso final,
que haga de mi amar,
una historia para recordar.

Ya, no quiero recordar
no quiero ya sentir
que fui una estúpida,
al dejarte ir.

¿De dónde viene el amor?

Mi princesita me pregunto
¿De dónde viene el amor Mami?
¿De dónde viene el amor?
que emana, de tus ojos
y hace aún más brillante
tu sonrisa.

Que conquista corazones,
que embelesa al viento
y duerme entre nubes,
cuando la luna aun brilla.

Dime chiquilla
¿De dónde viene ese amor?
que domina, odios
y controla mi pensar.

Dime, si acaso es espíritu vivo,
Fe inquebrantable,
voluntad de amar al prójimo,
de perdonar errores,
de ser, mucho más que amor

Dime su nombre…
Dale mis gracias,
dale mi Fe,
Guárdame en él,
un poquito de amor
para regalar al solitario,
una sonrisa para el triste,
una lágrima, de Fe
para el necesitado,
un poco de paciencia,
al incrédulo,
un poquito, de corazón
al pecador
y una vida, para pedirle perdón
por verle morir, y no hacer nada,
para qué su muerte, siga valiendola pena.

Dime tú ¿De donde proviene ese amor?
si no es del mismísimo creador
que nos Perdonó.

Besos embrujados

Yo, quiero todo de ti

Quiero tus besos adormecidos,
 tus labios de carmín,
que guardas celosamente
sólo para mi.

Quiero, tus mañanas rosadas
entre tus sábanas,
mirando tras la ventana
el despertar del sol.

Quiero, tus pasos sigilosos
haciendo caminos,
entre mi puntos cardinales,
colmándome de pasión.

Quiero, tus brazos fornidos
tejiéndome, en caricias
entre tu piel y mi piel.

Quiero, tu mirar transparente
contemplarme, mientras cabalgo sobre ti.

Quiero, los cientos de te quieros,
que callaste en abril.

Quiero, esas noches
donde con tus manos, me pensabas
y culminabas en sudor.

Quiero, esas tarde de lluvia
donde tu cuerpo, se dibujaba
entre tu ropa mojada.

Quiero, tus baños de sol
tirado, frente a mi mar
y yo sin poderte tocar.

Quiero, esa copa de vino
derramada, sobre tu pecho
y embriagarme sólo de ti.

Quiero….Quiero recorrerte por completo,
no dejar célula sin besar por mi.

Quiero, oírte gemir
como lobo en celo,
como animal salvaje,
cuando me entregue a ti.

Quiero, yo quiero todo de ti,

Quiero, poner el cielo
como tu cama y amarte sin fin.

Todo de ti, yo quiero,
hasta esas nostalgias
en las cuales, me recordabas
sin saber que era a mí ,
a quien amabas.

Quiero, yo quiero
todo de ti.

Quiero, tus sonrisas fingidas,
quiero, tus lágrimas derramadas,
quiero, tus odios contenidos
y miles de esos suspiros, al no tenerme
junto a ti.

Si, los quiero todos,
para quemarlos entre recuerdos, cuando
este junto a ti.

Quiero si…Si lo quiero todo de ti
dejare sonrisas contagiadas,
miradas enamoradas,
caricias furtivas,
deseos, incendiados de pasión,
pasiones también sin fin,
besos embrujados,
y mi cabello perfumado.

Borrare, todos los sin sabores
que la vida, te dio
y dejare mi alma junto a la tuya,
para hacerte feliz.

Por qué yo quiero
verte, solo junto a mí.

Prohibido

Que lo nuestro, está mal
Se dice por ahí,
que no hay solución feliz
para nuestro amor.

¿Y que saben ellos?
De las noches, en que te ansió
mientras mi piel se extrémese
y es un martirio,
¿Que saben?
De mi boca seca, por tanto besarte a
escondidas
de mis manos inquietas,
buscando lo nunca perdido,
entre la nada de mis sábanas y tu piel.

¿Dime acaso es prohibido nuestro amor?

Por sólo amarnos sin control,
por defender, esos momentos
en los que soy solo tuya
y tú solo mío.

¿Que es lo prohibido?dime
prohibido, que no te amara
como lo hago.

Prohibido, no tocar el cielo
en tus brazos,
prohibido, no morir de deseos de ti
y tú de mí.

Prohibido ¿Será prohibido
por qué tú eres libre?
¿Porque yo no te doy libertad?

¿Serán los años que te llevo?
¿Será que he vivido más que tu?
¿Será que mi cielo es inmenso?
y hago pequeño tu existir

¿Dime amor porque dicen por ahí?
que eso no es amor,
que es sólo pasión,
que soy una bruja, sin pensamiento,
que no sé quién soy.

Pues me llaman, señora de frente
y la otra al dar la vuelta.

Que será, lo que realmente sientes que no
encuentro mi lugar.

Mientras la noche, se termina
y yo te vuelvo a adorar
y si me encuentras aún despierta,
es porque velo cada suspiro, que escucho
de tu corazón
y eso cariño mío
la gente no dice,
pues no sabe nada más.

Se dice amor mío,
que lo nuestro no debiera ser.

Pecando

Seguimiento de un beso
cauteloso sobre tu cuerpo,
que me invita a pecar más allá
de mi mísera forma de ser.

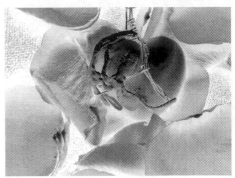

Prosiguiendo, al destino fino
donde mi piel se conjuga con tu piel
y mi alma se ata, entre telarañas de tu
incandescente forma de andar,
moviendo las caderas
y haciendo sucumbir al más ciego,
cuando escuchan tu caminar.

Mujer, eres la perfecta excusa para pecar,
pues en tu mirada, se suele hipnotizar
al hombre o mujer,
que en el caso, da igual,
pues nos hacemos pecadores,
al sólo imaginar, el tenerte entre nuestros brazos,
para aprender el arte de tu amar.

Mujer ¿Que nos hace tú?
¿Como enloqueces al viento? entre tus cabellos,
¿Como seduces a la lluvia?
¿Como le haces el amor al mar?
para no de dejarlo, como estatua de sal.

Tan incrédula, es la vida contigo,
tan compulsiva, la pasión
y tan enigmática tu mirada,
que nos envuelve, en lo todo y la nada
de tu ser, que algunos como yo,
no entendemos tanta devoción a ti,
en un solo beso, que te di
y me deja también sin saber, quién ahora soy
si no te tengo solo para mi.

Desacato

Desacato al olvido,
pues no quiero olvidar
esos momentos, cuando estabas
junto a mí.

Desacato, al presenté
que me grita que ya no estas,
más mis fieles nostalgias,
me hacen aún soñar.

Que te sientas a mi lado,
y nos confundimos con el mar,
que las estrellas celosas
nos iluminan el andar.

¿Vez cuanto desacató en mi voluntad?
pues, siento aún tu presencia,
en el viento que roza mi cara
y abraza sin piedad.

Nada más inútil, que el que quiera olvidar
pues tú esencia, la veo con el alma
y le percibo con la piel,
mientras mi corazón te busca,
donde no te has perdido.

Desobedezco reglas,
que dicen, ya te deje atrás
donde no los recuerdos se acuerden,
de lo que alguna vez se vivió.

Nostalgias, recuerdo, sensaciones
como ellas te podrán olvidar,
si en cada esquina de mi alma,
está saturada con todo lo que aún se ama.

Poema real

Poema real, de carne y hueso
de sensaciones, más que baratas
de orgullos casi rotos,
soledades ocultas, en compañía ,
virtudes nulas del amor,
complicidad de lágrimas y desengaños,
ansiedad, que ahora ya no es
calma, absurda de melancolía,
necesidad amarga de vivi,
obsceno desengaño,
amargo el dolor,
hambre, misericordiosa,
de Fe y amor ,
tortura infinita, de ausencia sangrada,
mezquino un beso,
una caricia barata,
malicioso pensamiento,
gula de sufrir,
tormentoso, ese calor en la cama
más en engañar
sentires gélidos,
de un volcán en extinción,
de llamaradas, entre pieles
y de congelados ya el corazón,
infortunio, presente, de un ayer
que ya no es,
futuro escrito, desde hace tiempo
sobre la piel,
grita fuerte el silencio,
en versos olvidados,
de nuestro mira, r enamorado,
ay! cuanto desengañó,
en locura,
pues dijimos enamorarnos,
sin conocer
la verdad, ya escrita,
casi en cada por, de nuestra piel
por la cual se muere en vida,
en una triste despedida.

Mariposa sin alas

Flor, sedienta en el desierto,
voz, quebrantada por los lamento,
sentimiento, sobre la piel
y un sabor de esos de hiel.

Mariposa sin alas,
nostalgias, que aún se aman,
viento, perfumado y frío
y un corazón que murió.

Gozoso queda el dolor,
¿Porque término con nuestro amor?
hiso añicos, nuestros destinos,
espolvoreándolos por el camino.

Deja pues, llanto petrificado,
ese que lágrimas derramo, el ser amado
y como estatuas de sal quedaron,
aquellos dos, que alguna vez se enamoraron.

Canta pues, pajarillo al viento
y penetra mi alma, ya sin miedo,
deja huella de nuestro amo,
ese que murió de dolor.

Entre miles, de nostalgias abatidas
emprenderán una nueva despedida,
cuando el sol, se ponga sobre el mar
y yo...... sólo yo te vuelva a adorar.

Deja que caiga la noche,
y mi alma atada a ti, como un broche
para guardar los recuerdos en un cofre
y mi amor contigo sin reproches.

Culpable

Y embelese, mis sentidos equivocadamente
te amé lentamente, tiernamente,
como si el tiempo no pasara,
en un instante.

Te amé…..cuanto te amé,
que mis cielos, dejaron de ser grises
y húmedos por tanto llanto.

Te amé, cual mariposa
ama sus alas y te amé libre,
para qué volarás junto a ellas.

Se que te amé….lo sé, muy bien,
porque mi único pensamiento,
eras tú.

Porque las ansias de mis deseos,
eras tú, ,
porque mi respirar, era por ti,
porque fuiste más que lo que soñé.

Si porque en tu mirar,
encontré, la paz que anhelaba,
por qué tu sonrisa,
provocaba en mi felicidad,
por qué tus caricias,
podían poner el cielo a mis pies,
porque un beso tuyo.

Eres, capaz de inundar mis océanos
haciendo de m, i naufrago
ala deriva de tus deseos.

Ahhhh cuanto más, te amé,
que el solo recordar cada instante
vivido junto a ti,
es morir lentamente de tristeza
al no poderte tene,
aquí junto a mí.

Mas se, soy culpable de esta tortura,
te falle lo se bien,
y no tengo perdón.

Porque aunque tú me perdones, vida mía,
yo….yo jamás podré perdonarme,
no debí, hacerte sufrir
no debí, provocarte llanto
no debí, verte partir
y ahora me resta pagar con mi dolor
tu adiós.

Como duele

Y mis ojos, otra vez
vieron tu cuerpo
tu pelo negro, como la noche espesa,
tu boca de carmín,
tu sonrisa, conquistando al mundo,
y yo ...yo pendiente de tu andar
sintiendo, como con tus pasos
desbordas mi océano dormido,

Ejecutare, el ritual para conquistarte
una vez más esta noche,
y siendo ya prisioneros en llamas,
haremos, el amor nuevamente
en sitios en donde el tiempo no transcurre,
y se hacen eternos,
besare esos valles, que sólo mis labios
conocen,
mientras recorro poco a poco el desfiladero
de la luna que asciende,
en tu garganta entre tus senos,
y esa playa imaginaria, sin fin de tu
costado.

Y te veo unos minutos después,
siento como revoloteó,
Siempre de espalda al río,
del incendio de nuestros cuerpos.

Mientras mis ansias, golpean día y noche
tu silueta, dibujada en la nada
y en tus costas, inmensas
como lo desiertos,
el viento, sopla por mi boca
y un largo quejido cubre con su aullido,
ala noche y sus cuerpos
vestidos de Luna
mientras nuestras almas enamoradas,
buscarán saciar su sed
de nosotros.

Sonrientes labios entreabiertos
atroces, en nuestros rostros se dibujan,
miradas, de la luz y la sombra,
alma de lo visible y lo invisible,
espíritu, de lucha
nube, de ensueños
suspiros suspendidos,
tiempos eternos
preguntas sin respuestas.

Por vivir, asi, así…..así galopa nuestro
sentir
sin quebrantare por lo que es,
ajusticiando al minuto, entre tu piel y mi
piel,
amando, añorando, gozando
lo que queremos ser,

Tuya hasta la eternidad

Me llamare tuya,
por qué es, lo que soy,
porque me lo dice mi piel
cuando estoy junto a ti,
me lo dice el alma,
me lo dice mi boca,
mis ojos,
y hasta esa forma mía, de respirar
a tu lado,
y es por que tus besos
me saben a miel,
tus caricias, que hierven al tocarme
el perfume que el viento, me trae,
tu esencia inconfundible.

Eres así, mi dueño
único, sabedor de mis caricias,
que envuelvo entre mis brazos,
como si fueras mi presa
y que embriago así nomás
al besarnos.

No hay otra cosa, que yo quiera
que morir de amor a tu lado,
sentir mis otoños
y caminar de la mano,
hacia esa otra vida, llamada eternidad.

Vez, eres mi dueño absoluto,
capaz de bajarme el cielo
a mis pies,
contar cada lucero, en la noche
de lujurias
y poner el sol
sobre mi ventana.

Eres así…único ¡Mío!
Pues no hay en este mundo,
persona que te amé como lo hago yo,
porque nadie, sabe amarte y fundirte
en mis sábanas como lo hago yo,
por qué solo yo, soy capaz
de amarte con locura
y de tal manera de convertirme,
en tu esclava y tu única dueña.

Vez, me llaman tuya
será porquetú eres mío,
sólo mío y no habrá nadie más
como tú y como yo.

Para amarnos furiosamente,
bajo cualquier cielo
enredados, en uno sólo
convertidos en amantes.

Me llaman tuy, a
simplemente porque tu así lo quieres,
por qué así lo deseo
mi amor,
sólo tuya hasta la eternidad
de nuestro amor.

Miedo

Muero, por cada vez que te pienso,
por cada vez, que mi piel suele extrañarte
Y cada vez, que mis labios siente sed de ti,
por cada vez que en las noches oscuras,
mi cuerpo hierve por sentirte otra vez.

Por que muero y enloquezco de
melancolías,
de nostalgias baratas, cuando escucho
nuestra canción y esta me transporta a ti.

¡Ay Dios!….. Cuanto te extraño yo,
cuanto miedo a seguir de pie,
de andar junto a la playa,
con la única compañía del mar,
y yo necesitándote tanto.

Por qué muero…. si muero
Cada vez que te siento y tú no estás
por el miedo, a proseguir mi camino sin ti,
por no saber, lo que me deparara el
destino.

Muero y no sé si es de Amor,
o de simple Miedo,
¿Quien osara decirme la verdad?
 Qué estoy tan ciego de ti,
que no puedo ni respirar.

Muero, si lose,
me lo dice mi piel
y esas lágrimas petrificadas, sobre mi
rostro ensombrecido.

Cuanto miedo,
cuanta muerte,
y yo, vivo en dualidad con ellos,
buscando sólo extrañar,
para creer que vivo,
jajaja por favor.

¡Soy un cobarde!
Un ególatra mentiroso,
que dice extrañar, lo que en realidad
nunca se tuvo, nunca se vivió.

Soy cobarde, que muere de miedo
a vivir, a salir sabiéndose dueño absoluto
de sí mismo,
de su futuro de su ayer.

El

Él, estaba llorando,
estaba muy triste
Incontables sendas,
se abrían a su paso.

Caminos, sin destinos,
senderos, sin huellas olvidadas
leguas de camino errante.

Un mar, infinito sobre la piel

Un cielo azul y más cielo gris

Marcho en un olvido, sin un adiós
Sin decirle mucho, sin decir de más,
sin cosa que la delatara,
solo marcho, pero ya muy lejos
con mirada esquiva,
le dijo hasta siempre,
hasta nunca más amor.

Solo El, en su recuerdo
y un infinito de silencios
penaba, en palabras que no se dijeron,
palabras, que jamás nacieron,
en miradas que no se entendieron.

Pasara una eternidad,
un segundo, es un mes,
un día es un siglo,
y la esperanza de volverla a ver,
muriendo al llegar el olvido,
ya no hay interés.

¿Y las nostalgias?
son hoy mil hastíos,
no dejan que lágrimas
en mis ojos, cansados ya viejos,
mi pelo canoso
pintado de mares y ríos,
quedaron muertos
en mi,
para dejar vestigio de lo vivido,

Él estaba llorando.

Y ella se llenó de olvido.

Hoy y solo Hoy

Hoy, me vestiré de versos el alma para ti
cubriré de poesías el alba,
me pintare, los labios de carmín
mi pelo, será seda sobre tu espalda
desnuda
y mis manos, estarán llenas de ti.

Hoy, perfumare de rosas mi piel
Y sacare mis ansias guardadas
me transformare, en momentos bellos para ti,
esos, que no te dejen olvidarme.

Hoy tengo infinitas caricias, para darte
toneladas, de suspiros inquietos audaces
para compartir.

Hoy el corazón, tocara sus mejores latidos
para ti
y por ti,
nuestro amanecer, se hace cómplice
conmigo,
y aulláre a la noche, cuando la luna marche.

Hoy al amarte, me vuelve amante y esclava
y tú mi pacificació, mi quietud al
amanecer.

Hoy quiero ser salvaje, Loba en celo,
recorrerte con todas mi ganas,
devorarte, hasta saciar mi hambre, solo de ti.

Hoy quiero ser esa con quien descubres de
nuevo tus pasiones
quiero ser, mar y arena tan eternamente fieles.

Y quiero ser, luz de tu luz
sombra de tu sombra,
y deslizarme poco a poco, por todo tu.

Hoy seré, manantial puesto a tu antojo,
para saciar tu sed,
seré, quien alborote tus caricias prohibidas
seré quien te cumpla tús deseos más ocultos.

Hoy pintare, poesía sobre tu cuerpo
y dibujare tus secretos, hasta gravarlos en
mi alma.

Hoy dejo que la pasión y el amor
de Poesías, no escritas de caricias, de
nostalgias,
y ayeres perfumados, me invadan la piel

Hoy, solo yo me vestiré de tu único amor
y tú serás, quien desvista mi alma
y me hagas el amor mientras yo me visto
de ti,
solo de ti……

Noches frías

¿Que hago, con tanto que quedo en mi?
con las noches vacías, colmadas de
nostalgias frías,
de inviernos en primavera,
de océanos, petrificados sobre mi ser.

Dime ¿Qué hacer con tanto de nada?
pues ya no quiero ver tu imagen,
sobre recuerdos de un ayer,
de sonrisas fingidas,
de todo este tiempo, junto a ti
y la llamada soledad.

Fueron tantas las mentiras
tantas las incongruencia y yo de creerte
que me dejas, con una única salida
de quedarme en deuda, sólo conmigo.

¡Aprenderé! si lo haré, te olvidare
y mientras llegue mi luto,
te velare los recuerdos, los dejare junto
a mi buró y veré morir, cada uno de tus
besos,
de tus caricias, de tus miradas.

Pues desde que llegaste, sólo recuerdo mi
fiel compañera
mi eterna amiga, la soledad y un gajo de
mentiras escritas sobre mi piel,
tatuajes que arden y saben a hiel.

Mas lo ¡Juro! Te olvidare, lo are
te olvidare, por que mi alma no puede mas
y yo....yo solo quiero vivir.

Pobre cariño

Pobre cariñito mío,
Pobre de ti,
jugaste, a ser un conquistador
y sólo resultaste, un gran perdedor.

Ahora eres tu, quien ruega
por mis besos, quien suplica
un poco de mi,
quien pide limosna de mi tiempo,
quien sólo dice, amarme a mi.

Ves...... No Se debe jugar,
con fuego
ni tan poco, con el amor,
te amé como nadie
te ha amado
con esa loca, pasión que invadía
mi corazón.

Más despreciaste mi cariño,
te burlabas, de mi amor
jugaste sólo tu juego,
mientras yo, me ahogaba
de dolor.

Poco a poco matast e,
eso, que era hermoso para mí
y ahora no queda más que lástima,
de ver como lloras tú por mí,
como súplicas, que te amé,
cuando no queda nada
en mí.

Ves cariño mío,
que fuiste tú, el perdedor
que aprendí de tu desprecio,
y ahora te toca, aprender de mí
en algún olvido,
que deje, bajo tus burlas
sobre mí.

Pobre.....Pobre Cariñito mío
pobre de ti........

Buscando en mis recuerdos

Así, que andas por aquí,
vagando por mis viejos recuerdos,
reviviendo momentos, quizás inolvidables
enjuagándote el alma.

No sé qué decir, lo siento,
me quedo helada de saberte tan cerca,
de saberte, buscando mis nostalgias
y sin palabras me dejas sumergida
en locas ansias,
que no me llevan a nada lo se.

Pero que puedo hacer,
¡Yo te amé!
Te amé, como quien ama lo imposibl
como, a un preciado tesoro
y celosamente como a mi propia vida,
yo te amé.

Y ahora al sentirte tan cercas
imagino percibir tu aroma,
esa que jamás percivi.
Presiento, la tibieza de tu cuerpo
esa, que jamás me abrigo
saborereo, tus labios ardientes
esos, de los cuales jamás bebí.

Siento tu pasión volcánica, entre mis
dedos,
es, en la que yo fui viajera incauta
pues nunca supe que paso,
ni por donde se me escaparon los sueños,
pues viví en ilusiones,
en fantasías totalmente tuyas y mías.

Hoy, que te siento hurgando mis recuerdos
te siento tan mío y de nadie,
nostálgico, cabizbajo, sin saber cómo yo,
que paso ¿Donde estamos?
¿Porque no sucedió?
todo eso, que sentíamos en la piel
y ahora, al parecer sólo es veneno y hiel.

Ahora, que duermes junto a mis recuerdos
te siento amándome,
y yo, deseándote a mi lado,
por primera vez.

Mi ángel

Llegaste a mí, como un ángel sin alas,
para transformar mi vida y regalar sonrisas
llegaste a mí, con los ojos perfectos,
para conocerme y sentirme tu madre

Llegaste con dos bracitos
para abrazarme en un cálido suspiro eterno

Llegaste a mí, para darme tu andar por el mundo,
guiándome por donde quieres pasar,
colmándome de caminos difíciles, para muchos
pero para mí junto a ti,
no son nada para caminar.

Llegaste y llenaste mi vida
de felicidad inexplicable,
desde ese momento, que supe estabas en mí, moría de emoción,
de ansiedad, porque ya te quería conocer,
ytenerte entre mis brazos.

Llegaste a mí, mi ángel de luz,
de esperanza, de fuerza y Fe
para acompañarme, en esta vida
de subidas y bajadas, de alegrías y sin sabores.

Llegaste y todo en mi cambio,
pues ahora, no concibo la vida sola
tú la llenas toda

Eres el Ángel que Dios me presta
mi luz y fortaleza,

Y yo…Yo soy tus manos y tus piernas
soy tu fuerza y esperanza,
somos todo en total
y juntos en algún tiempo,
no sé si cercano, o lejano,
seremos angeles en pleno vuelo,
madre e hijo
con un par de alas que nos bastan
para volar, mas alla, justo en la eternidad.

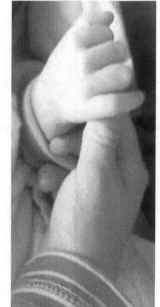

Exhortación

Tus palabras se habían adherido
a mis entrañas,
y por todas partes me veía,
rodeada de ti.

No tenía la menor duda,
sobre la sustancia, incorruptible
por proceder de ella,
toda mi verdad.

Que deseaba,
era estar cierto de ti,
si no, más estable en mí.

En cuantoa mi vida,
todo eran vacilaciones,
y debía purificar mi corazón
pero...tenia pereza, de caminar
por tus estrecheces, donde se creía perfecto

Tú me inspiraste más sin embargo,
entonces la idea
que me pareció excelente
de llenarme de amor,
asta empapar, mis huesos
con tu ser, era nada pura , nada etérea.

Me encamine pues,
simplificando mi vida.

Exhortándome a vivir,
a respirar aire fresco,
a ver con el alma,
a sentir con el corazón,
a amar, con todo mi ser
y nunca jamás dejar de existir.

Pensadores

Quiero confesarte
que ahora,
con un mismo pensamiento
siempre…siempre… Siempre
sabes, que te pienso.

Que te extraño,
que siempre estás en mis emociones,
pensar en ti
es algo, realmente maravilloso.

Es rico saber,
que lo hago contigo
y me transformas
y me pones, atus pies.

Y tu, invadiéndome
cada poro de mi piel,
estremeciéndome, al límite
en un mismo pensamiento.

Tatuando, cada caricia
en mi recuerdo, por tu amor
marcando la piel y el alma,
para jamás, ser olvidada
aunque este siempre en tus recuerdos.

Y yo…..Yo te extrañaba
¿Lo sabes?
¡No a mi amiga!
si no a mí amor
y quiero que lo sepas, ahora.

Eres maravillosa……..
Inolvidable,
mas ahora, me quedare disfrutando
que eres, el amor de mi vida,
ese, que jamás debió partir
Y no quiero irme
sin antes decirte nuevamente
que te amo,
que estas aquí….siempre aquí
aunque estés tu ahí.

Te envió, un enorme suspiro
que sale de mi alma,
para ti…..por ti,
por que hoy, fuiste mi amante
en mis nostalgias
y mañana serás de nuevo,
mi amiga……
Pero sabrás
que soy solo de ti,
como ayer,
como hoy,
como mañana.

Un beso para ti mi amor,
desde el fondo de mi alma.

Hoy amanecí pensándote

Hoy amanecí, con el deseo
de volver el tiempo atrás,
donde algún día te amé
y tú, no podías estar sin mi.

Donde tu cuerpo desnudo,
me cobijaba
donde tu boca temblaba,
por besarme
y tus manos,
no dejaban de tocarme,
mientras tus ojos
recorrían, todo mi ser.

Recuerdas,
¿Sientes mi calor? Como ese primer día,
en que fuiste mío, que mis brazos te
rodeaban
y tu perfume me invadía.

Fueron tus caricias, que me quemaban
que hacían arder mis sabanas,
cuando te estrechaba junto a mí.

Y nos llenábamos,
de todas esas sensacione
que hacía, que nos ahogáramos
en nuestro propio placer,
empapándome de sudor
y mi alma queriéndote
por la eternidad.

Caí también en cuenta, en que ansiaba
volver
a tenerte, escucharte y provocarte el deseo,
de tenerme entre tus piernas, de saciar,
mi hambre de ti.

Hoy amanecí, deseándote a ti….

Que daré, al retorno por poder recordar
tus caricias, sin que tiemble ya mi alma
por ellas, como lo hice ayer.

Te confesare, que sin ti, soy nada
confesare tu nombre, por haberme amado
como te amé yo.

¡Perdóname!

Perdóname…por haber gritado,
mi deseo por ti.

¡Como no calle!
Que no podía
ya estar sin ti.

Hoy amanecí,
pensando nuevamente en ti….

La Inocencia Perdida

Yacía yo, en el umbral
de las costumbres,
miserable niña
con el alma apagada,
en que me creía sumergida.

Estas cosas, que me arrebataban
el deseo de vivir,
no era más el sosiego
de la soledad en que vivía,
y si seguía, moriría en ella
más sola de lo que estaba.

Estas cosas, que hoy confieso
a aquellos que intentaba agradar,
era entonces para mi
mi único consuelo.

Por que no veía, el abismo de mi torpeza
en mí, ni en ellos....
Más que torpe, era yo.

Tonta de mí, al intentar ganar
un poquito de consuelo
en persona vana,
fría y calculadora.

Y aun, entre ellos
quien más deforme que yo,
que con ser tal, todavía les desagradaba.

Engañando vivía, con infinidad de
mentira,
a mis cercanos y padres,
¿Por amor a qué? O ¿Por qué?

Amor, por deseos de ver frivolidades
e imitarlas con inquietud,
en ocasiones, hacia algunos hurtos
de tiempo, para los infantes como yo,
que me vendían el arte de jugar.

Sin embargo, que cosa había que yo
quisiera
menos, que sufrir y que yo reprendiese
mas atormente de otros, que sus lágrimas,
que el deseo de sufrir, no fuese real.

Que lo infeliz se quita, con un trozo de
papel.
Y el llanto, con la sonrisa de mi niñez.

¡Cruel mentira!
nada me hacía feliz,
ni a ti....ni a nadie,
por quésabía, lo que era puro
y ni la sonrisa de mi rostro
lo era ya,
que marcada quedo, el día que hurtaste
de mi
la inocencia de mi vivir.

Cuando todo acaba

Sabes, no sé qué paso,
en mar de confusiones, en vuelta estoy,
buscando razones para no olvidar,
sabiendo, que todo ya es un final.

Y todo paso, tan lentamente
que mi esperanza no murió,
seguí, paso firme mi vida
dejando atrás, aquel dolor.

Fueron, noches sin fin
nostalgias, que ya no son,
donde se contempló, , un amanecer
de ardientes deseos en mi ser.

Fui feliz lo sé, y como nunca imagine,
me cobije entre tus brazos
y el olor de tu pelo me envolvió,
me refleje en tu mirada,
me tatué en tu piel,
bebí el néctar de tus labios,
me entretejí, entre tus piernas
me recosté, sobre tu regazo
y enloquecía sin querer.

Mas continuo, la vida día a día
y así hasta apagarse aquella pasión
que nos consumió,
en las noches sin fin,
dejándome, en vacío frío
ese, cala hasta los huesos
y sumerge al alma , en soledades abismales.

Pero mi destino, es vivir
y no olvidar lo que sentí,
en un ayer sin mañana,
en dónde éramos uno
en dos almas.

Digo adiós al recuerdo, .
a eso que tanto ame,
y que nunca, nunca volverá a ser
por qué, te marchaste sin un adiós
sin una explicación.

Dejándome en la incógnita, de no saber
que fue lo que paso,
más ahora, doy carpetazo a mis ansias,
culmino esta noche de nostalgias,
con un brindis, a tu recuerdo
y me vuelvo prisionero del amor,
entre otros labios,
entre otras piernas,
entre otra alma,
que sé, que tanto me ama ella

Hoy, te digo adiós en mi recuerdo,
te dejo libre, aún que sé que ya lo eres
desde hace tiempo…..

Hastío

Hoy pon, el color que quieras,
porque yo estoy cansada,
estoy triste.
¿Que será? de México mañana, ¿Que será
si la tierra se pierde,
y las flores ya no renacen?
¿Será que estamos destinados a morir
con cada gota derramada en vano?

¿Será que nuestros ancestros murieron en
balde?
Y que La Libertad, proclamada
por nuestros Héroes,
ahora nos es arrebatada.

¿Hasta cuándo las injusticias
los malos Gobiernos?

¿Hasta cuándo Mexicano gritarás?
por tu Libertad y Dignidad

¿Hasta cuándo?
Ay pero mañana, será diferente
siempre decimos,
y si…. si es verdad, tan diferente en
más cobardías, más muerte, más mala
economía, más desgracias, por un mal
manejo,
más humillación, a nuestra gente
al darle despensitas, de 180 pesos por mes,
cuando eso debiera ser, por día
¡MÍNIMO!

Somos, Cobardes, Ególatras, Miedosos
que presumimos de conformistas, al
quedarnos callados,
al no exigir, lo que merecemos,
una Educación de primera,
Una Educación, donde nuestros Valores,
sean Reforzados,
donde aprendamos, a Leer para ser cultos,
y a Amar a nuestro Prójimo,
para Vivir mejor,
Pero ¡No!…… No será así .
Seguiremos, como burros agachando la
cabeza, siguiendo pal frente,
sin ver, que nos llevan a un abismo
y a la continuación de un México
Mediocre, dominado, por el más Pen$@@
y conste dije sin afán de ofender.

Me doy cuenta, que la tristeza y el coraje
me dominaron, que por mas que grite,
sola estoy, pero estoy tranquila porque lo grite
grite, lo que me duele, lo que me insulta,
lo que me humilla, y no pienso callar nunca
ni someterme, al asecino de mi pueblo, al
cobarde que se esconde tras el inocente,
del hombre realmente honesto y trabajador,
he dicho

Y ya saben cómo soy ¿No?

Mi mentira

Me auto mentí, para ser más feliz,
mientras coronaba tristezas
y cabalgaba, con mi ceguera voluntaria.

Cerrar los ojos y pretender que no pasa
nada, era como fingir que estoy completo,
que no me falta nada.

Fingir ¿o no? Algunas sonrisas y algunas
platicas amenas,
Caminar junto a ti como si nada,
hacerle creer al mundo, que estoy bien,
que no pasa nada,
que cabalgo como loco,
pero que sigo aquí
junto a ti y mi hogar , donde se dice
pertenezco que soy feliz.

Donde recuerdo los momentos más felices
Por qué sé que sí, eran felices
creo en ti, tengo confianza,
te amare toda la eternidad,
las mentiras que creía verdad.

Me conozco no me dañan,
pues me invente, un mundo de cristal
donde soy el rey,
¿y tú?……. Tu, no se quien,
las palabras de cariño llegan
e igual se van, en oídos que ya no
escuchan
entre pieles que ya no se sienten,
entre caricias que se sienten frías,
entre sábanas, que ya no incendian.

Mas el tiempo me dice
que somos solo dos personas,
y nadie más ¡Te lo puedo asegurar!

Y sigo aquí, automintiéndome
aunque se la verdad,
sé que tú también, ya no me amas

pero te habrás de conformar, por el que
dirán.

Mas recuerda Corazón, que puedo volar
alrededor de tu mente,
robar unos minutos de tu atención,
quizás hacer que me quieras, en una
mentira.
Aunque no, sea yo el dueño de tu corazón.
Caminaremos de la mano,
como dos enamorados,
siendo en realidad ya, dos perfectos
extraños.

Los minutos más felices,
son, la automentira más grande
porque hasta yo mismo, sé que no existen
pues el pasado queda atrás ,
y en el presente, esta la mentira más
grande,
que yo me construí.

Triste Pero sincero, lo cual me salva, o me
castiga de este futuro incierto,
tal vez, los minutos más felices no sean
perfectos, pero existan o no
los vivo con intensidad,
tal vez, haya alguien con quien podamos
ser, de verdad, nosotros, felices, tristes,
buenos, malos, callados, charlatanes,
idiotas, inteligentes, cariñosos, ariscos
¡Nosotros!

Porque nadie, es de una sola forma… Y tal
vez mañana, me crea mi verdad,
que soy infeliz, tratando de creerme Feliz
en mi mundo de cristal.

Interrogantes de un amor….

Indiferencia

¿Y crees que la vida es cruel contigo?
Ven aquí,
y comete, un taco de aire
bebete, un trago de hiel
báñate de inmundicia, y ya desnudo
vístete de lagrimas,
de dolor, de hambre, de miseria, y de
olvidos,
de esos que ahora sobran.

Para que las mismas palabras y acciones
que das, te alimenten el cuerpo y el alma.

Descubre, que el mundo es ciego,
y que se cree, mudo e insensible.

Por que, se percibe indiferencia…

Cuanto dolor, sobre la espalda,
sobre las almas,
cuanta hambre de amor,
cuanto frio, en los corazones
cuanta soledad, que hielaen el aire,
cuantos gritos silenciados, por la
indiferencia, cuantos fantasmas
por la ciudad vagan.

Cuan gris, se percibe el cielo
al borrar sonrisas, por la indiferencia,
cuanto dolor, se percibe por ese niño que
ya no rie, por que tiene hambre, miedo y frio.

Y va, con la mirada perdida por la FE,
muere lentamente, por no encontrar mas,
de ese alimentoque da esperanza.

Cuantos caminos, de sangre y miedo
trazados por el rio, con los sueños
desechos, con las manos sucias, con el
respirar contaminado, y la ropa desgarrada
al igual que su alma

Son ellos los que sufren ¡No Tu!
Abre los ojos del alma, los oídos del
corazón,
las manos ala caridad, tu espíritu a la
gratitud.

Pues están ahí, con el cielo bajo techo, con
el frio cono abrigo, con hambre, de volver
a soñar despiertos, con un dia mejor.

¿Soy yo? O ¿Eres tú?
O quizás aun peor alguien a quien tú
amas…….

Mis soledades

Limpiare mi alma, ensimismada en llanto,
donde las nostalgias, se rompen en mi
corazón,
que duele lentamente
y me temo, que somos presa del mismo
síndrome de dolor,
¿Limpiarías tú mi alma y yo la tuya?

Aunque se me ocurre otra
organizamos una binada en tu casa y otra
en la mía, Invitaremos al recuerdo, a los
pajarillos cantores, y las nostalgias del ayer
beberemos ese tinto,
mientras se habla de amor.

Recogeremos, cenizas de esas maltrechas,
desempolvaremos las ganas,
mientras te recorro por completo.

Viajaras, sobre mi ombligo haciendo
remolinos,
me besarás muy despacio, mientras el
sismo pase
y seré, de nuevo tu esclava y tu mi dueño,
seré, lo que imaginas de nuevo en un ser.

Por qué soy así,
mujer fuerte y apasionada y antes de
terminar con los recuerdos
quiero completar mi noche, con tu cabeza
sobre mi almohada.

Ven limpiemos las lágrimas,
sequemos el llanto,
hagamos de cuenta, que no término,
deseo en tus manos perder la cabeza
y mi corazón, dejarlo fuera sobre el sillón
donde nada le duela y no olvide quien soy.

Pues sé, que soy tu amante,
esa que de noche, te idolatra, te am,
que no conoce otro voz,
que la tuya, cuando le llamas a escondidas,
y me haces tu mujer.

Soy, la mujer donde sacias tus ganas,
donde el lobo, toma a su hembra
como si fuese a morir.

Más te vas, y no queda más, que vacío
cubriéndome el alma,
me quedo, con soledades abismales
y me siento, sucia, intocable,
hasta qué la angustia, se calma
al escucharte llamarme de nuevo.

A dónde va el tiempo

¿A dónde se va el tiempo?
¿A dónde va?
¿Que ha hecho con nosotros?
¿Que fue del gran amor?
que un día juramos, sería eterno.

¿A dónde mi amor?
¿A dónde se fue ese amor?
le grito al viento,
en mis noches oscuras,
en mis días, más que grises
y en tu compañía.

¿Por qué ese amor ya no lo sientes?
por qué si acaricio tu pelo,
te lleno de rosas,
te colmo de amores,
tu.......tú, ya no me sientes.

Y aún, soy tuyo, aun te amo,
aun te deseo.

Que muero, por sentirte mía
y aún que estas aquí,
tú, ya no gustas de mi.

Mis caricias, no te dicen nada,
ya no te incendian,
mis besos, ya no te basta
mientras mi mirar, ya no te es especial,
que sólo estas, por el que dirán.

¿A dónde se fue el amor?
ese tiempo tan nuestro,
tan especial,

Mi amor ahora siento, el frío
cruel, del amanecer calandome los huesos
gritandote en silencio, que aun te amo.

Y aún que estas a mi lado, en mi cama
no te siento más mía, y tú al parecer,
ni siquiera me sientes
¿A dónde se fue nuestro amor, vida mia?
¿A dónde? ....

Hoy

Hoy, desperté con el tiempo que he estado
buscando, las palabras exactas brotan, una
a una para decir sin lugar a dudas, lo que
estoy sintiendo.

Que mis quimeras arden, bajo el volcán
que creí, estaba dormido en el atardecer de
mi otoño, más reconozco, no es así
la llama, está ahí y hoy la descubrí
en su magnitud.

Mis dedos rapaces, encuentran pasión
donde creí ya no existía,
y tu viril compañía, se incendió junto a
mi,
perfumando nuestra habitación
Con ese dulce olor a pasión

Recorro, con mis dedos inquietos
Y mis labios ardientes,
busco tu humedad, en la cual me saciare
mientras tus miedos, y los míos
se consumen en un solo deseo, entre dos
cuerpos y un sentir.

Ah! cuanta pasión… Cuantos anhelos y
recuerdos de dos, en una sola alma,
Esparzo, en ti mis secretos
a gritos, silenciados por tus besos.
Cae, lentamente mi piel, me enredo a la
tuya,
amaina el deseo, por sólo un momento,
Me siento mujer ¡Me siento nuevamente
mujer!

Siento en susurro, tú respirar
Y llenas mis sentidos, eres otra vez, ese que
yo ame, mi cobijo para mi vejez.
Mis labios sorberán, lentamente tu miel,
Pues tu savia humedece mi boca.
y mi piel huele a ti.

Abre tus brazos, déjame escuchar el latido
de tu corazón, mientras gozoso, fecundas
mis pasiones y te envuelves en mi, te
refúgias en mí,
Y yo….yo, no sabía vivir sin ti, entre tus
sueños,
 y mis quimeras, donde creí que dormía,
más no era así, pues yo vivía al igual que
tu, en soledad que mata, pues se estaba, en
compañía.

Noches

Hoy, es una de esas noches de estrellas fugaces,
noche, de luna llena
noche de Lobos en celo,
noche interminable, de pasión
noche de distancias abismales,
noche en que te deseo, mucho más
noche, en que serás sólo mía.

Ahí, junto a tus recuerdos
si es que aún los hay, en que serás,
sólo mía, mientras te Pinto poesía.

Serás, pergamino sobre mi ser
mil y una letras, sobre la rosa escribiré
Para qué te digan que eres mía,
Para qué tus ansias no sean agonía,
en esta noche, donde te quiero mía.

Noche, de sueños que eres para mí,
porque sin mi tú ya dormías
más te siento, aquí en mi piel
señora de labios de miel,
señora, de mis noches de desvelo
señor, de mis sueños en el edén,
Señora, amante de mis noche
de mis noches mi amante sin querer.

Hoy, quiero incendiar estos deseos,
de tenerte de nuevo,
Para sentir, que eres mía.

Mi señora, de piel canela,
de noche, son tus cabellos
y tus ojos son mi claro de luna.

Hoy te tendré, mía, sólo mía,
en la noche de luna llena,
donde sólo los Lobos calman su deseo.

Volveré aun en tus olvidos

Volví, aquella noche de luna increíble,
volví, en un suspiro en el viento
impredecible,
Volví, porquetú eras la lluvia
y yo, las gotas rodando sobre ti.

Volví, a sí, sin que me sintieras
bajo tu humedad desbocad, entre tus
piernas.

Volví, porque aunque lo niegues, eres mia,
en tus soledades en compañía,
eres mía, porque soy, lo que tanto anhelas
l o que tanto sueñas.

Volví y te hice mía,
tan mía, que se incendiaron las sábanas,
se vertió, lava ardiente sobre tu cuerpo
se tornaron rojos los cielos
y la luna, se adueñó de tu mirar.

Volví porque tu recuerdo, no me olvida,
por qué tu, eres mi dueña,
mi esclava, mi mujer.

Volví y volveré, para quedarme
entre el abrigo de tus brazos,
entre la cordillera de tus senos,
entre ríos, bajo tu vientre.

Volví, si volví, despierta mi amor,
que estoy aquí junto a ti,
para amarte y veneraste vida mía.

Volví, porque eres tu, mi único camino,
con el único destino,
de vivir, entre tus recuerdos
y no morir, cuando te llegue el olvido.

Y mientras aún, sepas quien soy,
volveré una y otra vez,
entre tantas batallas, de un ¿Eres quién?
Mis labios, te recordarán que soy aquel
a quien juraste amar en tu eternidad,
volví, hoy y volveré mañana,
como volví ayer,
tan siquiera en el recuerdo, de lo que
alguna vez fue……..

¿Quién?

Dicen, que las nostalgias
se hacen eternas, en mí.
Que no hay, más noches en Silencio,
pues a lo lejos, se me escucha llorar,
dejando huella a mi paso junto al mar.

Y lloro ¿Cuánto lloro?
A mi amor, ese que no dejo de amar,
que la vida, me robo
y me ha dejado en soledad.

Mas nadie sabe en realidad,
lo que he sufrido por un amor,
que robo sin piedad, mi sonreír
Que tatuó en mí, solo dolor.

¿Y que saben ellos de lo que yo sentí?
¿Qué?........Si solo yo sé, lo que siento y
sentí,
que solo yo, derrame caricias en El,
que solo yo, le hice sentir con mis besos
el cielo mismo, bajo sus pies,
si solo yo, recorrí cada centímetro en El,
si solo yo, era quien le amaba con loca
pasión,
mientras, bajaba las estrellas para alumbrar
nuestras noches, de pasión, desmedida,
incontrolables.

¿Quién sabe? O ¿Quien supo?
Lo que era, amarse asi, de tal manera,
Con tantas sutilezas,
con tanto amor,
con tantas, ganas de vivir
y se dice, tantas cosas ahora de mí
Que ni yo misma se.

Seguiré aquí, en mis recuerdos, aun por El,
seguiré aguardando, que llegue la
eternidad,
seguiré esperando, que el océano de El, me
cubra en un abrazo infinito,
Y lo vuelva yo, a tener aquí,
Solo para mi,
entre tantas nostalgias, en mi piel
que me ahogan ahora,
sólo de pensar en El.

Dicen

Dicen, que las nostalgias, se hacen eternas en mí,
que no hay, noches en silencio,
porque a lo lejos, se me escucha llorar,
caminando a la orilla del mar,
a mi amor, hace que no dejo de amar.

Se dice, que he sufrido por un amor,
que robaron, sin piedad mi sonreír,
que tatuaron en m, solo dolor.

¿Y que saben ellos, de lo que yo sentí?
¿Qué?........Si solo yo sé, lo que siento y sentí.

Que solo yo, derrame caricias en ti.

Que solo yo, te hice sentir con mis besos,
el cielo mismo, bajo tus pies.

Si solo yo, recorrí, cada centímetro en ti.

Si solo yo, era quien te amaba con loca pasión.

Y bajaba las estrellas, para alumbrarnos
en nuestras noches, de pasión desmedida.

¿Quién sabe? O ¿Quien supo?
Lo que era, amarse así, de tal manera,
con tantas sutilezas,
con tanto amor.

Y se dice, tantas cosas de mi,
que ni yo misma se.

Seguiré aquí, en mis recuerdos, aun por ti,
seguiré, aguardando que llegue la eternidad,
seguiré, esperando que el océano de ti,
me cubra, en un abrazo infinito
yte vuelva yo a tener aquí,
solo para mi,
entre tantas nostalgias en mi piel.

Mía

Nostalgias vivas, que hieren
que duelen,
donde mi mente, divaga por toda tu,
recorriendo cada instante,
que pase junto a ti.

Nostalgias, que atraen sensaciones,
mis ansias locas y algunas emociones,
que hacen mi cuerpo sudar,
pensarte con mis manos
ahogando, los suspiros envueltos, en
gemidos de lobo en celo.

Te pienso, ansiosa de mí,
caminando, lentamente, provocando
mis sentidos, como hembra, buscando su
macho,
con tu cabello, alborotado por el viento
y el viento, trayendo consigo tu perfume.

Te imagino, amándome nuevamente,
como ayer, donde fuimos un te quiero, un
te deseo, envueltos en un te amo,
haciendo historias, que aún no cuento.

Te quiero, aquí mía…..Solo mía
para hacer de ti, mi reyna, mi esclava, mi
amante fiel
y yo….Yo, seré tu todo,
el que ponga, el cielo a tus pies
el que no te dejara escapar, de mis manos,
ahora llenas de vacío, para llenarlas de ti,
sólo de ti.

Nostalgias….Nostalgias, hoy en mi
amanecer y un solo pensamiento
aquí sobre mi piel ,
te amo vida mía,
te amo, más que a mi vida.

Me Dueles México

Me dueles México,
más mi corazón te ama.

¡Aún la dignidad Duele!

Porque va marchitando mi país,
donde el más cobarde,
mata, ultraja, roba, sin misericordia,
hasta la última gota de honestidad,
esa, que me hace más hombre,
que ne hace más cabal.

Soy, el que sale al amanecer a trabajar
y regresa, al anochecer a su nido,
a llenarse de amor, de esperanza, de nostalgias,
y un poco de Fe, para no morir siendo nada.

Cuanto dolor por las calles de mi ciudad
cuanto cansancio, para no gritar,
que se está hartó de tanta impunidad,
de tanta humillación.

Por qué eres tú, quien se dice Señor,
ese, que vive, entre murallas y guardias
que vives, rodeado de seguridad,
quien más, sin honestidad, se cuida,
se protege, del hombre humilde.

Por favor basta Ya
¿Cuando se unirán, en un solo grito
por la verdadera Libertad?
por el derecho a una vida mejor,
por un techo, donde resguardarse del frío.

¡Moriremos, uno a uno, en Silencios!

¿Callaremos una vez más?

¿Porque tanta humillación,

En lon los silencios?
¿Porque rebajarse, a no hacer nada?

Si tu y yo gritamos,
el y ellos también, haremos una sola voz,
seremos más,
seremos, invencibles y doblegaremos
a El señor", que a su vez será doblegado,
ante el cobarde ególatra, asecino de la
dignidad.

¡Que ya no duela el silencio!

Que el orgullo, sea nuestra arma
y nuestra voz, la esperanza
de un México mejor.

¡Grita Mexicano! Orgulloso de tu país

¡Grita México! Querido
que sangrando, esta mi corazón.

Por esas voces silenciadas,
por las almas ultrajadas,
por las muertes, sin sentido
por nuestra inocencia perdida,
por los niños, sin sus padres y por los
padres, sin sus niños.

¡Grita que ya no duela el silencio!

¡Que no duela!
Y que mi tierra, sea nuevamente Venerad.

Duele y cala la hipocresía

Todo, fue mentira
y lloro, no se sí de rabia, o sentimiento,
porque mi amigo, me traiciono
me dio, la puñalada por la espalda
y luego de frente me beso.

Es el quere, lo que me confundió
de la persona, que dijo ser mi amigo
y más cuando él lo dijo…
dijo, ser mi amigo.

Amigo, es algo especial…. casi como hermanó,
por qué en el confió…Yo

Quise, un amigo especial,
el cual valorara y a él, le da igual,
a él, no le importa lo que siento,
lo que quiero,
ni siquiera, que lo quiero feliz.

Me hirió por la espalda,
sin saber, que yo lo sabía,
eso, no es amistad
es, repugnante hipocresía.

Te quería Amigo,
tú no sabes cuánto.

La mano verdadera
de un amigo. Nunca se traiciona.

Por eso, te digo a ti
deja ya la hipocresía…

Se valiente, de verdad
extiende, tu mano amig,
pero hazlo lea, a la amistad,
no hieras con hipocresía.

Delirio

Delirio, por no saber de,
por dejar, marcada mi piel
con tus caricias, incendiadas de pasión
y de esos besos con sabor a miel.

Deliro, al creer que escucho tu voz,
triste, melancólica y vacía,
muero cada segundo, en que no te escucho
y en mis silencio, s muero igual.

Quiero buscarte y no me atrevo,
por qué se dudas, de mi amor,
la distancia, es tu muralla lose,
pero para mí, es el sufrimiento,
de no saber, más de ti.

Muero en vida, pues de mí, nunca nunca
llegaras a enamorarte,
y siento tu sonrisa burlona de mi,
pues fui, juguete entre tus manos,
donde saciaste tu sed,
tu hambre hasta satisfacerte,
vivo en un delirio, sabiendo la razonable
respuesta.

Vivo, loca en recuerdos vacíos,
en caricias al viento,
cuando, te pienso
¡Vivo! Desorbitada solo en ti me la paso
pensando.

MueroM en ese mundo de cristal, en
donde no estas, pero reacciono y concluyo
que solo estaba soñando,
Vivo y muero, tratando de darle respuesta
a mi soledad, que me mata en delirios,
solo de ti.

Eres tu, mi delirio, mi pasión equivoca
en caricias, sin huella para ti
y yo soy, solo la mujer que te soñó aye,
entre sus sábanas de seda
y la luna, como testigo fiel
de lo que fue y hoy, ya no es,
más que recuerdo sobre mi piel….

Carta a ti mi amor

Para qué no me olvides
dejo plasmadas, sonrisas
en los rostros de mis amigos,
me iré, más allá de la esperanza, de nuestra
promesa,
me iré, sin decir adiós

Y aunque me sea difícil alejarme de ti,
ya es la hora de partir,
me iré, dejándote miles de recuerdos,
para qué no me olvides
te dejare, un beso suspendido
al viento, caricias bordadas, de te quieros
sueños, para que sigas soñando
y un mundo de sonrisas,
para alegrar tus días sin mi.

Y si, hiciese falta más esperanza,
te dejo, lo que fue de mi vida
escrito sobre tu piel,
testigo mudo, de lo que te amé.

Me iré, en un nuevo sueño
en el cual, el gozo será, saberte feliz,
saber, que te amé, a si sin igual
y aunque no escuche tu vos, sé que estarás
cerca de mi corazón yde mis plegarias para
una eternidad, junto a lo que más, ame.

Me iré, quizás un poco triste,
pues se, es difícil volver a empezar,
tú te despertaras, sin mí y yo…. Yo,
despertare sin ti y una lagrima, sentire caer
sobre tus mejillas,
la cual es mi adiós para ti.

Quiero, que siempre sepas,
que yo, siempre te voy a cuidar, aunque no
esté cerca, aunque no ahí…

La vida sigue, y para que no me olvides,
puedes si deseas, visitar en cada sitio que
solíamos estar, y en cada rincón de tus
recuerdos, estaré ahi para consolar, pero no
te olvides, de sonreír siempre ..Para que no
me olvides, Para no olvidar jamás, que te
amé, y quw me amaste , hasta el final.

Soy

Y te sigo amando,
a pesar, de que el otoño ha llegado a mí,
que mis cabellos, se vistieron de nieve
y que mi piel, ya muestra señal y
envejeció.

Te sigo amando,
pese al tiempo transcurrido,
tras tormentas, que azotaron mis silencios,
tras el mar furioso, por mi soledad,
Si......Te sigo amando,
porque tú, te tatuaste sobre mí,
por qué tus besos, aun en lo frio de este
vacío, me hacen hervir, de pasión
y traspasar el tiempo sola,
tan sola, que cala tu ausencia
y mis gritos llamándote, se pierden en la
noches oscuras, mientras el mar, es testigo
de mi sentir.

Y se hace difícil escribir, poemas
inspirados,
en aquella felicidad, que sentí ayer
y que hoy, no está a mi lado.

Soy, parte del pasado, del presente sin ti
y de ti, en mi todo, quedo hasta tu ausenci
por eso ahora no encuentro,
las letras, que signifiquen
que siempre te amaré
y me duele mi franqueza,
solo escribo lo que siento,
resentimientos , no tengo,
dolida tampoco estoy,
pero no, no puedo decirte
que te seguiré amando….

Por qué el tiempo juega conmigo,
dejando mí ser, angustiosamente sola,
sola, como el sol, deja a la luna, cada día
y soy noche bajo la luna, y la luna, bajo mi
llanto.

Camino, a ciegas por la vereda,
tratando no perder mi camino,
contando los minutos, las horas,
los días, o quizás, los años
para encontrarnos en la eternidad.

Sentires

Nostalgias vivas, que hieren,
que duelen,
donde mi mente, divaga por toda tu
recorriendo cada instante,
que pase junto a ti.

Nostalgias, que atraen sensaciones
mis ansias locas y algunas emociones,
que hacen mi cuerpo sudar,
cuando te pienso con mis manos,
ahogando los suspiros envueltos en
gemidos de lobo en celo.

Te pienso, ansiosa de mi,
caminando lentamente provocando
mis sentidos, como hembra buscando su
macho
con tu cabello alborotado por el viento,
y el viendo trayendo consigo tu perfume.

Te imagino amándome nuevamente, como
en el ayer,
donde fuimos un te quiero, un te deseo
envueltos, en un te amo
haciendo historias,
que aún no cuento.

Te quiero, aquí mía,
¡Solo Mía!
Para hacer de ti, mi reyna, mi esclava, mi
amante fiel, y yo ….yo seré tu todo,
el que ponga, el cielo a tus pies,
el que no te dejara escapar, de mis manos
ahora llenas de vacío,
para llenarlas de ti, sólo de ti.

Nostalgias…..Nostalgias en mi amanecer y
un solo pensamiento, aquí sobre mi piel
te amo vida….Te amo más, que a mi
propia vida.

Sentimientos de miedo de olvidos

No es silencio, lo que acalla el delirio de
mis quebrantos,
es el viento, proclamando mi silencio
y desgarra mi voz, asfixiando mis agónicas
palabras.

No es la oscuridad de la noche, lo que
avizoran mis ojos en las sombras,
es temor, a ver el vacío de tu ausencia, que
golpea sobre mis miedos,
de verme, aún más sola
tan sola, que duele mi alma.

Y es esperanza, lo que alberga mi cuerpo
que adolece tu ausencia,
es tatuaje, magullando mi piel
mientras mis pasos sin destinos,
arden sobre el camino.

Y No...... No es sonrisa, lo que trazan
mis labios,
es la mueca, de hastío y melancolías,
que se marcan sobre mi rostro, aún cada
vez más tristes.

Y en un alarido enmudecido bajo la luna,
solicitando ayuda a la muerte,
para no sufrir por ya no verte,
suplico llegue a mí y me vuelva inerte.

Más la que solloza es lágrima hendiendo la
semilla, de una tortura siniestra,
Dejando surcos, que ofrendaba amor en
sus promesas,
que devora sueños ya ajados,
casi casi olvidados.

No es beldad, lo que mi rostro exhibe en
las penumbras,
es huella de soledades enloquecedoras,
vociferando tus odios, tu adiós.

No es inocencia, lo que supuran mis
suspiros, mi llanto, mi dolor, es perdón a
mi memoria,
por intentar besar el olvido.

Es tu nombre, gritado en silencios
y mi cruel esencia, que ya no protesta.

Es un grito que ya, no debe dejarse de oír
nunca,
pues te amé, te amo y quizás mañana, te
amare
y para que no me olvides,
una lágrima más derramare por ti...

¿Por qué?

Porque al mirarte, en el sigilo del tiempo
defendiendo mis silencios, pronuncian tu
amor,
Porque al sentir tu abrazo en el remanso
de la noche, mis sueño es velado por tu
dolor,
Por sostener mi cabeza en las penumbras,
y sueles acariciarme con tus lagrimas,
petrificadas sobre mi.

Y cimentas las murallas de mis fortalezas,
me haces aún más fuerte para ti,
Porque me has ofrendado el alma,
sin contemplaciones, a manos llenas
y yo te dedico la vida que me resta.

Porque en el escrito, que nos nombra
Marido es saber que fuimos, destinados
desde antes
sin ni siquiera imaginarlo.

Porque en la simpleza de momentos que
vivimos, yace magnánima en nuestra
eucaristía.

Si, es deseo lo que nos enciende,
como el amar cada pliegue de nuestros
sentires, aunque en ocasiones duelen,
como duele ahora, sé que me amas
que te amo, porque es genuino el verso
que el poeta peregrino escribió para ti y
para mí,
como ley, la justicia de los corazones.
Porque los por qué, de nuestra vida, tienen
respuestas... Tu, abrazando siempre mi
alma,
tus manos acariciando mi dolor,
y yo.....yo deseando vivir,
por siempre a tu lado amor.

Más nuestra historia, tiene un fin,
alegrías viví y vivo hoy junto a ti,
ya que mañana..... Mañana no se, sí
vendrá para mi....

Quiero sepas, amado mío,
que eres el mejor....... el incansable,
impredecible, y nostálgico verbo del amor.

Agonía

Soy, viajera entre tus brazos
Pero también pienso,
soy quizás, tatuaje fiel de mi amor
¿para qué hablar? Si escribía en tu piel.

Total, ahora solo espero que caiga la
noche,
para entre tus brazos, poder estar
y surcar nuevos caminos,
hacia un mundo ideal.

Porque quizás, existe una distancia
frente a la gente,
que no sabe lo que sentimos,
que cada día parece, aumentar lo
prohibido,
pues eres, infiel a un amigo.

Suelo, no hacer notar mi angustia,
pues a Él, lo amo y sé que me ama,
pero tu…..Tu, eres otra cosa, pero que
decir, es difícil estar así,
pues muero, de pasión por ti.

Pienso que todo pasara, que solo se
trata de una etapa, que ha de pasar, pero
también pienso que esto será, una agonía
sin final.

Solo espero, que caiga la noche para entre
tus brazos, poder estar
Y no sentirme vacía, si no estas.

Somos amantes, bien lo se
más que puedo hacer, si no se vivir
también, sin El.

Trampa bajo la Tormenta

Encalle en el arrecife de tu amor
hundiendo frente al faro mis ganas de vivir
donde perseguía mis sueños
a la orilla del mar
y donde yo solía amar

No hay punto de referencia
pues mis recuerdos no me dejan ver atrás

Quedo sumergido en olvidos
estremecedores
en noche especial
donde mis lágrimas aniquilan al viento
quien me hace prisionera de Sal
inmóvil, estatua e inerte

Fuiste así…..Tan doloroso conocerte,
tan dulce, amarte
tan amargo necesitarte ,
tan delicioso, solo mirarte
y con tanta hiel envenenándome.

Disfrazada de hermosura,
señora amante,
me arrastraste hasta tus abismos,
entre tantos arrecifes,
imposibles de evadirse.

Con esa mirada angelical,
ese caminar de fuego
y entre tus brazos, cadenas devorandome
lentamente, quería morir.

Tan prohibida, tan deseada, tan mía,
Señora, amante del mar en tu mirar.

Manantial entre tus labios,
profundidad enloquecedora en ti bella
mujer,
y Yo…….Yo, estúpido amante
que encallo una y otra vez, ante ti mi
dulce amante,
mi amante prohibida.

Miserable

¿Y crees que la vida es cruel?
Contigo

Ven Aquí

Y Comete un Taco de Aire
Bébete un Trago de Hiel
Báñate de Inmundicia
Y ya Desnudo
Vístete de Lagrimas
de Dolor
de Hambre
de Miseria
y de Olvidos
Eso que Sobra

Para qué las mismas palabras y acciones
que das
Te Alimenten

Descubre que el Mundo es Ciego
y se Cree Mudo

Por qué se percibe indiferencia

Cuanto Dolor
Sobre la Espalda, Sobre las Almas

Cuanta Hambre
De Amor ….y de Pan

Cuanto Frío
En los corazones

Cuanta Soledad
En el Aire , Sobre el Día sobre la Noche

Cuantos Gritos Silenciados
Por la Indiferencia

Cuantos Fantasmas
Por la Ciudad

Cuán Gris se Percibe el cielo
Al Borrar una Sonrisa más
De un Niño con Hambre
Con la Mirada Perdida por la FE
Que no se Encuentra YA!!

Cuantos Caminos de Sangre y Miedo
Trazados Sobre el Río
Con los Sueños Desechos
Con las Manos Sucias
Con el Respirar Contaminado
Y la ropa desgarrada como el alma

Son Ellos los que Sufren
¡¡¡NO TU!!!

Abre los Ojos del Alma
Los Oídos del Corazón
las Manos a la Caridad
Y tu Espíritu ala Gratitud

¡¡Pues Están Ahí!!
Con el Cielo bajo techo
con el Frío como abrigo
con Hambre de Volver a Soñar despiertos
Con un Día Mejor

¿Soy Yo?

Oh Eres Tú

O peor aún alguien que amemos

Añorando

Quiero escribir esta noche,
cientos de te quieros
entre tus sábanas, tú piel y mi piel,
Cobijarme de tus besos,
de tus ansias de mujer.

Quiero, contemplar en tus ojos
esa llama que me incendia,
al mirarme cerca a ti,
beber, ese licor embriagante
volverme, loco en un instante
y seducir te una vez más.

Quiero y cuanto Quiero yo,
si tan solo, en la distancia el saberte mía
me hace suspirar y colmar de sensaciones
a este loco soñador,
más cuando, te rozo el alma
en un suspiro
sé que no hay nada en el mundo,
que me haga más feliz,
que tú…..Mujer.

Eres mía, tan solo mía,
guarda algunos minutos vividos,
para nuestras ausencias
y te pienso con mis manos
me dices, una vez más
y yo Loco soñador te vuelvo mía,
en mis pensamientos, en mis manos
buscándote, deseándote, añorándote.

Oh! cuanto te Quiero mujer
tu sonrisa, música de mis oídos
tu mirada enamorada,
y esa forma tan tuya de caminar,
me hacen ser tu esclavo,
tu amante fiel, un loco enamorado
donde mis quimeras arden,
entre segundos suspendidos en el viento.

Quiero y Quiero tenerte, siempre para mí
volcarme, entre tus locas ansias
de mujer enamorada
de mujer solo para mi.

Y te prometo, vida mía
que no habrá nunca, nadie en esta vida,
que te amé y venere como yo,
tu loco Soñador.

Mis tiempos

En ti alma mía,
mido los tiempos,
en cada sutileza de mi ser.

¡Yo!…Que te escribo,
desde mi alma
Y tu perturbándome,
poseído por el demonio
de tus carnes,
atado al sentimiento
de nuestro amor.

Dejando rastros de calor
oculta dentro de ti,
sintiendo la afección
de tu piel,
que grita apasionada,
por el deseo de tenerte.

Y mido el silencio,
en el que no estas junto a mí.

Acumulo distancias,
fornicando el alma
cuando tu mirar y el mío,
se entrelazan en el abismo
sustancialmente, tu y yo.

Silencio y abismo,
infinitos y vacíos,
negros y Blancos,
gemidos, silenciados
por mis besos sobre ti

Y yo…….
Con la locura gentil,
que invade mi corazón
y el alma atada,
mientras recorro, cada poro de ti
y tú tatuándote en mi piel.

Tú me acostumbraste
en las distancias del sentir,
Aprendi, a vivir y morir
tú conmigo, Y yo…….Yo
Sin ti.

Yo quiero todo de ti

Yo quiero todo de ti
quiero, tus besos adormecidos
de tus labios de carmín
que guardas, celosamente
sólo para mi.

Quiero, tus mañanas rosadas
entre tus sábanas,
mirando tras la ventana
el despertar del sol.

Quiero tus pasos sigilosos,
haciendo caminos
entre mi punto cardinal,
colmándome de pasión.

Quiero tus brazos,
tejiéndome en caricias
entre tu piel y mi piel.

Quiero, tu mirar transparente,
contemplarme mientras cabalgo sobre t.

Quiero, los cientos de te quieros,
que callaste en abril.

Quiero, esas noches
donde con tus manos, me pensabas
y culminabas en sudor.

Quiero esas tarde de lluvia,
donde tu cuerpo, se dibujaba
entre tu ropa mojada.

Quiero tus baños de sol,
tirado frente a mi ma
y yo sin poderte tocar.

Quiero, esa copa de vino, ,
derramada sobre tu pecho
y embriagarme sólo de ti.

Quiero, recorrerte por completo,
no dejar célula sin besar por mi.

Quiero oírte gemircomo lobo en celo,
como animal salvaje,
cuando me entregue a ti.

Quiero, yo quiero todo de ti.

Quiero poner el cielo, como tu cama
y amarte sin fin.

Todo de ti, yo quiero…
hasta esas nostalgias,
en las cuales me recordabas
sin saber que era a mi,
a quien tu amabas.

Quiero, yo quiero
todo de t.

Quiero, tus sonrisas fingidas,
quiero tus lágrimas derramada,
quiero tus odios, contenidos
y miles de esos suspiros, al no tenerme
junto a ti.

Si los Quiero todos….
Para quemarlos entre recuerdos, cuando
este junto a ti.

Quiero si…….Si , lo quiero todo de ti
dejare, sonrisas contagiadas,
miradas enamoradas,
caricias furtivas,
deseos incendiados de pasión,
pasiones, también sin fin
besos embrujados
y mi cabello perfumado.

Borrare, todos los sin sabores
que la vida te dio
y dejare mi alma junto a la tuya,
para hacerte feliz,
por qué yo quiero,
verte solo junto a mi.

Cuanto te amo

Yo ……Yo simplemente te amaría
haría del tiempo, nubes de algodón
del frío , calor
del invierno , primavera
y en la primavera la flor.

Te amaría, como amo el cielo azul
como amo, las noches de abril
como amo del mar, su profundidad
su arena y también su sal.

Si te amaría ¡Claro que lo haría!
Pues tu mirar es mi luz, mi camino
hacia la eternidad,
tu voz, música angelical
tu andar con paso firme
marcando su huella, para no olvidar.

Te amaría pues, eres ese hombre
con el que suelo soñar,
ese que me colma de ansias
que me obliga a serle fiel,
hasta en mis pensamientos
que son, sólo de ti.

Te amaría….Si te amaría,
como te amo ahora
de los pies a la cabeza.

Te amaría, te convertiría en mi amante
eterno,
tatuaría de caricias, cientos de te amos
besaría, cada poro de tu piel,
cada punto cardinal.

Te haría sentir, más hambre
de amarme, cada instante
que pasaras lejos de mí,
para qué volvieras siempre a mi.

Y si eso no fuese suficiente,
te amaría con todo mí ser,
con mi alma, hasta la eternidad.

Así qué cariño mío,
espero, haberte contestado y aclarado,
cuanto te amo y cuanto te amare.

Ladrón

Cual si fueras mi amante,
te cuelas entre mis ansias
dibujando tus deseos en mi piel
en las noches tibias de mi soledad.

Cual ladrón, robas mis ganas de ti
te enredas, entre mis brazos
y mi pelo alborotado
bebiendo de mi, la miel
de mis labios.

Entras, divino, hermoso,
entre nostalgias, de caricias en mí
donde un volcán espera ansioso,
del fuego que emana de ti.

Mientras tus ojos, penetran mi alma
te aprisionas a mis antojos,
te quiero mío…..mío solo mío,
me quiero tuya….sólo tuya.

Tómame, has de mi, lo que quieras,
convierteme en tu amante,
en tu amiga inseparable,
en loba en celo,
en suspiro sostenido en el aire,
en ola, en calma sobre tu mar.

Seré, todo un deseo,
un deseo sin final,
te haré mil locuras,
te volveré, mi Loco fiel
pintare de pasión, tu mirar,
escribiré mil poemas sobre tu piel,
tocarás mil cielos, con tus pies
mientras cabalgando voy sobre ti.

Y cual, si fueras mi amante,
mi hombre, mi amor más fiel,
serás te lo juro, mío
y tuya seré hasta el final.

Marea brava

En ocasiones las nostalgias me invaden,
me llenan, de sensaciones
que me dejan vacía
y no sé si es porque aún, duele tu recuerdo
en esas noches frías de invierno.

Y suelo pensar,
que aún vivo sobre tu piel,
sobre tus ojos,
sobre tu alma,

Que mis besos, aún te calman
las ansias de mi,
esas, que te hacían enloquecer
y que mis manos audaces
aún tatúan cada poro de tu piel
¡Y que sólo yo!
Soy dueña de ti.

En ocasiones, cuando despierto,
amante de la luna
te siento, te respiro,
aclamando al sol
arda en ti,
como lo hice yo en tu ser.

Quiero, nostalgias que lleguen a ti
como marea brava,
como viento, en suspiros
que te inunden el alma,
que te hagan volver,
que no seas más, un recuerdo
que no seas más un ayer.

Pues estoy, aún enamorada
enloquecida, por tu ausencia,
que no deja má, que convalecencia a mi
corazón que aun te ama.

Y se te olvido

Te busque, bajo la luna llena
las tantas miradas, que nos dimos
cuando al final de la noche,
aún eras mío.

Busque y busque y no las encontré,
quizás se esfumaron
en la búsqueda, del amor eterno.

Más mis lágrimas abogaban,
cientos de nostalgias,
que yacían aún en mi.

Pues mis ansias, aún te necesitaban
al igual que mi piel.

Lloré……Cuanto lloré
y no queda nada más,
que un adiós,
en esos ecos, repletos de nada,
que te dejan un, sin sabor
más la mañana llegab,
cada que te extrañaba
Y con ella, la sensación que sólo quedó en mi.

Y de pronto mi deseo de morir
¿Cómo? ¡Acaso no estaba muerta ya!
¡Grite!
Para no ahogarme, en silencio
mientras se vibra, en deseo.

¡Callar! Para ahogarse en gemidos
al pensarse con las manos,
en aquel viejo sillón
testigo fiel, de lo que fue.

¡Imaginar!
Para no sentir, más sola la soledad.

Todo fue inútil, entre cálido y frío,
entre blanco y negro
entre un amanecer
Y el anochecer….
Este amor, que fue sólo mío,
que me pincha la piel,
me provoca, ternura, deseo
Odio y olvido, de aquello ya vivido.

Y ese estúpido miedo, de navegar entre
olas de coral, donde algún día,
Yo te supe amar,
Y tú, jurabas sería inmortal,
¡Más ya ya se te olvido!

Amar Amando El Amar

Amar y ser amado
era, la cosa más dulce para mi
disfrutar, todo de ella,
su cuerpo, su alma.

Todo lo absorbía,
en lujuria, en necesidad,
pensando, que ser tan torpe
y deshonesto, me llevaría
a la gloria

Deseaba con afán
rebosante de vanidad,
pasando por elegante y cortes
me llevaría a la felicidad.

Pero que tenía yo, de ella,
si me sentía, hastiado, vacío,
lleno en falsedad.

Mas todavía no amaba
todo, era quereres impuros,
por así, llamarlo
y con secreta indigencia
me odiaba, a mí mismo,
por verme menos
que un grano de sal.

Buscaba que amar,
amando, el amar, era mi felicidad.

Odie la seguridad
y la senda sin peligro,
que me llevaba
al vacío, de mi alma.

Por que tenía dentro de mi
hambre, del interior
alimento, solo del alma.

Con cuanta hiel, no rocié
a tanto, amor brindado
quanto dolor cause,
y llegaste así, sin avisar,
sin alertar de tu presencia siquier,
mi deseo por poseerte.

¡Serias luz en mi camino!

¡Fui realmente amado!

Llegue secretamente
al vínculo del placer,
me deje atar alegre,
con ligaduras, que no quería zafar,
me llenaste de amor,
y comprendí entonces
que te amaba.

¡Sí! te amaba.

Que te amaba tanto,
que las varas candentes
del hierro, de los celos,
sospechas, temores, e iras contiendas
en las que caía con frecuencia,
se desvanecían, con tu sonrisa
y con tu amor.

Y hoy, solo el placer de verme, en tus ojos
me hace vivir, me hace amar,
cada instante.

Necesidad

Como fue, que llegas a mí
y te haces parte de mi alma,
como si fueras un tatuaje fiel
haciendo de mis días,
largas agonías, de segundos, inmensos
y noches infinitas.

Cuanta necesidad de vivir,
de recorrer, los caminos trazados por mi,
donde jamás, marque un destino
y por consiguiente ningún final.

Suelo recordar entre desiertos y océanos,
mi piel tatuada de mil pasiones,
donde marque mi paraíso y lo sepulte,
como tesoro, preciado.......querido,
¡Mientras mi vida seguía!

Vivía........Vivía, con pasión desbordante,
cada momento y lo hacía interminables,
grabando cada beso, cada palabra, cada
caricia,
en partes de mi.

Hoy los días, tienen sabor a mis labios,
con un toque de carmín,
mis manos aún son, delicadas y tibias
como si el tiempo no se detuviese,
deseoso, de transportarte, al mismo cielo
donde mi fuego te quemara
Y mi cuerpo, te cubría con loca pasión.

Mi corazón te busca,
mi alma te anhela,
mi ser te necesita

¿Dónde estás?......... Amor
Como fue, que enterré, mi tesoro amado,
cuando volveré a tenerte, en mis ojos
iluminando mi destino, sintiéndote
nuevamente mío.

Ven Amor
deja que mis locas ansias, te hagan feliz,
deja que mi ser, se empape de ti
Inundando, mis desiertos sin ti
Y secando, mis océanos deseosos de ti....
Solo por ti.

Sobre mi piel leí

Lei una y otra vez,
cada poesía, escrita sobre mi piel
donde se relatan, caricias frías, llenas de
nada
que dejan vacíos importantes,
desquebrajando los minutos perdidos en mi,

Leí también algunos besos tatuados
de esos, que duelen, que calan hasta los
huesos
donde mis ojo, lloraron inundando mi
alma,
añorando sólo un segundo, de ese que me
hizo vivir.

Doble, una vez más la página
y mis ansias gritando,
que no quede en olvido
tus ojos mis lunas,
tu piel, mi manto estelar
tu alma, único motivo de mi ser
y mi ser, testigo fiel que aún estoy aquí
sintiendo, añorando, viviendo.

Leí y leí
escribo, con mi sentir
volando sobre recuerdos,
de lo que un día Yo sentí

Vivir, morir, renacer,
Sentir, olvidar, añorar,
Sin dejar que los sentimientos mueran.

Algunos firmes sentires, otros encontrados,
Atesorando suspiros que se hacen eternos,
Y eternos suspiros, que se hicieron nada.

Lee ahora tú sobre mi piel,
lee, sobre tu alma
y comienza historias, inolvidables
de esas, que sólo el amor,
es capaz de escribir
Y el olvido no pueda borrar.

Qué manera

Que ganas, de salir corriendo
tomarte al viento
y hacerte el amor

De mirar tus ojos,
de sentir tu aliento,
de tenerte, sólo para mí
aunque sea sólo un momento,
de eso, que se hacen interminables,
que borran nostalgias,
que hacen recuerdos.

Que manera de sentirme presa de ti

Qué forma, de sentirte sólo para mí
como cada noche,
que nuestros cuerpos, se entrelazan
en un solo ser, entre dos almas.

Que manera de desearte tanto
De necesitarte.
De poseerte.
De que seas sólo mío.

Deseo, beberme todo de ti
ser luz, de tus noches
alegría, de tus días.

Que manera de hacerme, tu esclava
de sentirme tatuada de ti,
que ansias, todo el día
de besarte hasta morir.

¿A quién le miento?
¿A quién?

Si suelo morir, cada que no te tengo
cada que el sol sé oculta,
Y no estás junto a mí.

Qué manera de vivir,
Si no estás junto a mi
muriendo en silencios,
Gritándole al viento.

Tinta de recuerdos

Y sin lugar a dudas
deje que mi pluma, contara lo nuestro
que contará, nuestros suspiros
sostenidos en el viento
atados a nuestras alma
que dibujase, las miles de caricias
que algún día nos dimos
perfumadas de ti y de mí.

Y quise pararla, decirle, que no escribiera
más,
que dejará atrás los recuerdos,
las tardes frente a la playa,
el tinto, el puro y tú
que no recordara más
esas noches, de loca pasión
donde sólo tú y yo
éramos, protagonistas de los aullidos
ala luna enamorada.

Quise parar, de relatar nuestras historias
Y fue inútil,
seguía recordando, cada caricia
cada beso de miel
dado, en todo mi ser
esos, que me hacían estremecer,
que me hacían, tocar el cielo
y ríos nacer, desde el interior de mi ser.

Era inútil, mi pluma tatuaba cada
momento,
cada ansia, que vivimos tu y yo
y el tiempo, marcando su historia igual
dejándonos en monotonía,
apagando, nuestro volcán en erupción…..
Apagado,
con tanto, por hacer
con sonrisas fingidas,
con las manos vacías,
con los labios, secos, hastiados,
de silencios,
de no encontrar, las palabras
para justificarse.

¡Maldito silencios! ¡Maldita Pluma!
¡Malditos recuerdos!

Es doloroso, escribir con sangre
cuando aún se ama,
cuando aún, se siente en el alma
y se desangra el amor.

Hoy no quiero llorar

¡No!….Hoy, no quiero llorar más
por tu ausencia,
hoy, solo deseo, tenerte junto a mí
como cuando despertabas,
de un dulce sueño.

Hoy, mi cama esta fría, vacía y llena de
soledad
mis sabanas, ya perdieron tu aroma,
Y yo…..Yo, con la sensación tatuadas
Por lo vivido,
de que continuas aquí, junto a mi
acariciándote el alma,
susurrándote al oído,
con palabras , que solo mi corazón sabe
decir
y mis ojos, contemplándote
como si fueras, mi ángel personal.

¡No! …Hoy, no quiero llorar mas,
solo deseo, cerrar mis ojos
imaginándote, en mis nostalgias,
que te seduzco con mi sonreír,
que te hago mío, una vez más
que beso cada poro, cada célula de tu piel,
enloqueciéndote, hasta llegar a ese punto,
donde pongo, el cielo a tus pies
bebiendo cada gota, de tu néctar
embriagándome el alma por completo
y que a ti, te hace estremecer
mientras a mi adicta, a tu querer.

Hoy no quiero llorar,
solo deseo recordar
y pensarte una vez más, con mis manos
y mis ganas aun mas por ti.

Ansias locas

Cuando no sabes, si es de noche o está
amaneciendo
y el viento, se cuela por esa vieja ventana,
y alcanzó a percibir, ese olor que me
recuerda a ti
y mis recuerdos, se vuelven seda
bajo mi piel, se entonces
que te extraño cada vez más,
que no alcanza, mis olvidos tu recuerdo,
que están intactos, como si aún estuvieras aquí
más no......No es así.

Marchaste una noche de verano,
envolviste todo, en ese viejo maletín,
dejaste, algunas caricias olvidadas, bajo las
sábanas,
algunos te quiero, sobre el refrigerador
algunos recuerdos de sonrisas y besos sobre
el viejo sillón,
y sobre la alfombra el fuego,
que brotó de los dos.

Dejaste, tu perfume en mi almohada
tu piel tatuada, sobre mi piel
el sabor de tus labios
sobre los míos,
 y el tonto libro, que alguna vez te regalé.

Ves, es difícil saber
si amanecerá,
si aú, es de noche
pues la oscuridad invade
más, que en otras horas
y los recuerdos, se vuelven eternos
mientras mi piel marchita con cada
amanecer
y mis ansias, cubren la noche gris.

Dejaré ver, si es de día, o si es de noche,
tomaré el viento a mi favor,
naveganre, en recuerdos, nunca olvidados
y viviré, para no morir de amor.

Se me pasó la vida

Se me pasó la vida
y se me fue la tarde,
como la mañana, contemplando rosas
que me hablaban de amor.

Se me fue, mitad de la vida
Contemplando una mirada tuya
Y me afane a la idea de sólo mirarte, tras la
neblina de una amistad,
Sin percatarme, de que ya te pertenecía.

Escuche silbidos de viento,
Suplicando amor
Y yo…Yo, tonta de mí, solo esperando por
la calma, de tu aire de gran señor.

Y pasó la vida, entre mis dedos
como agua de mar,
dejando, en estatua de sal
mis ansias, mi libertad.

Tonta ¡SI! Tonta de mi
esperando al igual que tu,
perdiendo al igual que tú,
la oportunidad, de ser feliz.

Cobardía, estúpida
y más estúpido, nuestro esperar
nuestra osadía, de aguardar por una señal,
que todo mundo sabía aprovechar,
menos nosotros.

Y se fue, mi juventud
mi madurez y el otoño, llegó ya
y te llevo con el, dejándome
frente a un féretro incipiente,
angustiosamente frío,
que me cala, hasta los huesos.

Jajaja que ironía, me pintó de gris mi
cielo,
antes azul, por esperar a que fueses tú,
quien me hablará de amor, cuando tú,
esperaste una señal mia, sin imaginar que
moría por ti

Jajaja irónica ahora, será mi vida
Tras tu partida.

Hambre de libertad

Ahora, me piden que sea otra,
que calle , que me corte la lengua,
que sea sumisa,
que no vea a colores,
que no piense,
que ampute mis dedos ,
que destruya mi alma,
que me trague el corazón ,
para ya no gritar,
para que guarde silencio.

¡Pero no soy yo, la que duele!
si no el hijo, de la madre, que ahora sufre,
pues no encuentra el consuelo,
del hijo, ya perdido.

Como decirte, que no soy la única que ve,
que siente,
que se amarga, mirando como su pueblo
es mancillado,
por aquel cobarde.

Que se esconde, tras las armas
que el mismo pueblo le brindó,
miedo, angustia, sufrimiento y sumisión,
armas, que el cobarde bien aprovecho.

Yo…..Yo, no soy la peor
eres tú, que empuñas el silencio
y matas a traición.

Que encuentras,
entre flores bellas y polvos blancos,
entre verdes, plantas, perfumadas
entre sustancias incoloras,
que te hacen volar, en mundos diferentes
un tanto irreal,
con muertes, aún inocentes.

¿Y quieren que yo cambié?

Cuando es el mundo, que debería de
gritar,
que basta de muertes inocentes,
de indiferencia, de egoísmo, de hambre,
de libertad.

Y no soy la primera,
ni un héroe de revolución,
soy el grito contenido,
de la madre por el hijo,
O del hijo por su padre.

Soy un grito no silenciado,
una mujer ya cansada,
de ver tantas muertes,
tanta sangre derramada;
en la tierra amada
antes venerada.

¿Y quieren qué yo cambié?

 Oh son ustedes junto a mí,
quien debe cambiar
y tener hambre de libertad.

Con Los Piesa Descalzos

Con los pies descalzos
voy vagando por tus ansias,
dejándote huellas de mi querer
mientras mis dedos, buscan
el sendero al Edén.

Recorrer, cada punto cardinal de tu cuerpo
como lo has hecho tu, cabalgando sobre mi
sellando con mis besos,
cada célula, en tu ser
hasta provocar que el volcán en ti , haga erupción
y ahí justamente, te reflejará
en mi mirar.

Mientras lentamente tu boca, buscá
intentando saciar la sed de mí, ese licor que tanto adoras.

Y mientras, sobre la alfombra
se funden nuestros cuerpos en uno solo,
el corazón se funde tambié, con nuestras almas.

Y sabes que yo….Yo, solo a ti quiero poseer
sobre el día, sobre la noche, sobre el alba de una mañana,
y descansar sobre tu pecho,
después de tocar el cielo

Que lindo sería permanecer así,
yo, tu fiel amazona
y tú, mi amado fiel.

Déjame guardar en tu memoria,
cada parte de mi cuerpo
y en tu alma, sólo guardaré
lo mucho que yo te quiero.

Para que el día de mañana,
cuando se asoman algunas canas,
sepas que las nevadas
llegaron, sobre tu cama
y sobre mi, y solo la ilusión
de ese mañana.

Mis Letras

Tal vez mis letras, no tengan sentido y no
hilen conciencia,
en un pronto afán encerrado del miedo
abrazado,
en mis manos vacías
de mis historias, alguna vez vividas.

Escribo, si escribo
escribo letras en poesía, en prosa, o sin
sentido
escribo, lo que sale del alma
y para el alma misma, es para quien
escribo.

Donde mi sangre es tatuada,
de algunas melancolías, o de la tinta de
algunos, besos, pues tal vez mis letras
siembren esperanza
a un corazón en desgracia, o al alma
enamorada,
tal vez hilvanen algunos sueños,
tal vez, penetran algunos sentirés,
algunas ansias, o por que no, ahuyente ala
soledad,
o la haga, fiel compañera

Tal vez y solo talvez, rompan
algunos silencios, de esos que gritan que te
quiero, que me quieres o que lo quieres.

Sobre cariños y desamores, seguro
escribiré, entre lunas, soles y estrellas
de día o de noche, en días nublados o
noches de tormenta, escribiré.
Sobre ojos inocentes, sobre pieles
indecentes sobre el amor de una madre,
sobre el hijo a su padre, para la patria
amada, para el culpable
siempre, siempre, yo escribiré.

Mientras me quedé, un hilo de vida
Y no se me acabe la tinta, escribire
en los versos y la prosa que se tejen sobre mí.

Muerta

La noche muerta, entre mis sabanas esta
frío insaciable en mi alma,
que deja petrificado mi ser,
albergando la esperanza, de un nuevo
amanecer.

Fueron, añoranzas de luz
en los ojos tuyos, bella mujer
Ilusión, que creía real
porque no me amaste y eso lo sé,
sólo es, que no comprendo cómo fue que
yo te amé.

¿Cómo fue que me arrastre,
ciego a tus pies?

¿Cómo yo te idolatre?

¿Cómo fue que de ti me esclavice?

¡Más no te culpo!
Y nunca lo haré
pues sólo vi y sentí, lo que quise ver y
sentir,
y tú…Tu, solo te dejaste amar
dejaste, que el sol, se posara en tu rostro
y lo volviera angelical.

Dejaste, que te bajará el cielo
como pago a tus caricias, esas que
hambriento de amor gozaba yo,
hasta llegar la noche
Y me hizo suyo,
para ya no pensar,
para ya no sentir,
dejando a la luna
como único testigo fiel, de lo que yo te
amé.

Nostalgias Frias

Nostalgia de una mañana,
en la cual te hacia el amor
en que mis labios
saciaban su sed,
En que mi alma,
exigía tu presencia.

Nostalgia.......Dulce nostalgia
de tenerte, entre mis brazos
de sentirme entre tus piernas,
de gozarte el alma

Cuanto tiempo, de no beber de ti
cuanto silencio, cuando mi alma es la que
grita

Cuanta necesidad ....de ti
cuanto tiempo, de no beber de ti
cuanto silencio, cuanta necesidad de ti.

Nostalgia ¿Que haces tú …conmigo?
¿Como vienes a mi mente?
y revuelcas mi corazón
y mis ganas, por ella.

Necesito, nostalgia,
olvidar el manantial
de dulce néctar incansable,
que embriaga mi ser.

Necesito mis manos,
que te buscan incansablemente,
necesito ventilar mis sabanas,
para que tu perfume, no se evapore.

Necesito olvidar….nostalgia,
me volveré loco…..Loco.

Nostalgia de esa mañana, en que mi cama
ardía, en que mi cuerpo estallaba
por poseerte, en que mi cuerpo saciaba tu
hambre, tu sed y en que mis manos
recorrían cada rincón de tu ser.

Nostalgia oh .. .Nostalgia
quisiera olvidar para no recordar,
con mis manos atadas, en las nostalgias.

Girasoles

Déjame pintar, girasoles a la luna
teñirla de amor, en ansias locas
encender una vela, más para no apagarla,
silenciar cada los gemidos, con mis labios.

Déjame colorear el sol,
mientras te bañas bajo el,
endulzar el mar, con el sabor
de tus labios
beber de ti en ese manantial
que emana de ti,
cuando hacemos el amor.

Deja correr los ríos,
de tormentosa pasión
que me embarga
en las noches junto a ti.

Contempla, la luna en mi sonrisa
el sol, sobre mi piel
el viento, entre mis cabellos
y el perfume fresco de mujer.

Y si por razones ajenas a ti, y a mí
el tiempo, se pone en contra,
recuerda mi amor,
que esperaré por ti,
guardare, cada pensamiento
cada ansia loca,
cada deseo de ti.

Pues eres único,
el complemento fiel,
el único, perfecto, entre mi piel
y tu piel.

El que entiende mis sueños,
el que perfuma mi amanecer,
el hombre que me vuelve loca
y yo, tu amante más fiel,
la que te suele enloquecer.

Acuerdate De Mí

Acuérdate de mí,
Que yo, te recuerdo
en cada respirar,
en cada latir de mi corazón
en cada atardecer, junto a la playa
en cada estrella, en el firmamento
en cada mañana, junto mi cama
en cada rincón de mi habitación
y en cada paso que doy.

Acuérdate de mí,
que yo ya no sé vivir,
si no es recordándote,
a cada instante y quisiera olvidarte
para poder vivir,
Sin tu presencia,
Sin tu perfume,
Sin tu sonrisas,
Sin tu locura.

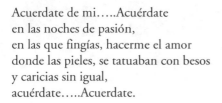

Acuerdate de mi…..Acuérdate
en las noches de pasión,
en las que fingías, hacerme el amor
donde las pieles, se tatuaban con besos
y caricias sin igual,
acuérdate…..Acuerdate.

Que yo, te estoy recordando
en mis noches humedas,
en los días, de lluvia en mi ser,
acuérdate, que algúndía yo te ame.

Acuérdate de mí, cuando el sol vuelva a salir.

Acuérdate……Acuérdate de mi.

Ese Amor

¿Qué hay de ese amor?
Qué tanto promulgaste,
Y que jurabas seria eterno,
¿Que hay de él, cariño mío?

¿Que hay? ¿Qué hay?

Si camino sobre lágrimas
y el viento jala de mis cabellos
arañándome la espalda,
por esos besos, que solías tirar al aire
moriré, si tu no lo recuerdas.

No…No , queda nada de el, lo se
porque tu amor eterno duro, lo que dura el invierno,
mas deseo no ser olvidada

Y hoy, sumergida en recuerdos de lo que fue,
me duele saber, que yo aún, no te olvide,
que las noches, se me hacen eternas
Y aún los días, mucho más.

Duele, cuanto duele
el ver, como la primavera llego, y tu….Tu, no estás aquí,
perfumando mi rostro, con gardenias
untando, sobre mi cuerpo tu néctar,
haciéndome, esclava de tus caricias,
dejando, tatuajes sobre mi alma aun enamorada.

Como duele saberte, un verdadero falso
Y aún duele mucho más,
que yo te creyera.

Que mis manos dibujaran
tu sonrisa, en la nada
que mi océano por ti desbordara
y ahora, con muchas incógnitas y una sola respuesta, dejo mis manos
Y mi alma sobre nada.

Gritos, gritos en silencio

Te escucho llorar
Pronunciando su nombre,
Segundos, minutos, horas interminables
en los que se me desgarr a, el corazón.

¡Y grito!
¡Grito! En silencio avasallante,
me hiere, me mata,
me sangra hasta los huesos
hasta el fondo, de mi alma.

¡Por el tiempo!

Tiempo, siempre tiempo
en los que me pides, una y otra vez
que me quede contigo.

¡Maldito tiempo!
Te perdí, te perdí
tu llanto no me deja de doler,
Y no hay más tiempo.

Duele…Como duele el tiempo
Y me grita, que ya te perdí.

¿Y yo?……..Yo grito en silencio
que te necesito,
que sé que no hay nada que hacer
que dejarte ir.

¡Dejarte ir!

¿Como si del agua y el oxígeno
no dependieran nuestras vidas?

¿Como si la sangre
no fluyera en nuestro cuerpo?

¿Como si el desierto
no tuviera que solo arena?

¿Como si el tiempo
no hubiera que continuar?

Grito, grito de dolor.

Mi herida sangra, vaciando mi corazón
tomando el valor, de dejarte ir.

¡Dejarte ir!

¿Cómo?
Mi océano, se desbordara
el cielo se volverá gris,
la luna, ya no será igual
el sol ya no me alumbrara.

¡Dejarte ir!

¿Y el tiempo que prometí?
No llegará,
ya no hay tiempo, para mi
y sé muy bien, que dentro de ti,
Pensaras ¿Que hago?
Me anhelaras
y en ese preciso tiempo,
también yo estaré pensando en ti,
como cada segundo, como cada minuto,
como cada hora, desde que te perdí

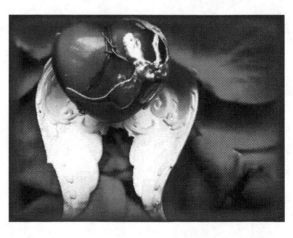